JN408689

거위 날다

황우정 시집

문학공원 시선 208

거위 날다

황우정 시집

애들아, 봄이 오면 내가 날게 해줄게
지금은 너희들이 없으면 추워서 살 수가 없단다
헤엄은 치지만 날지 못하는 그네들
날고 싶은 거위의 꿈은 나와 같은 이야기다

문학공원

자서

지난 3년간 시 나라를 여행하며 쓴 글들을
여기 모았습니다
"나 시집 냈다…"며
큰 목소리로 소문내기는 약간 부끄럽지만
어른이 되면 책 한 권쯤은 꼭 낼 수 있는
내가 되고 싶었습니다
그래서 행복합니다
이 시집을 읽으시는 동안
여러분도 행복하시길 기원합니다

2022년 8월

황 우 정 배상

차 례

1부
판도라 상자를 열다

2부
흔들리며 크는 나무

차 례

3부
양주 나리공원에서

4부
아버지를 그리다

1부

판도라 상자를 열다

총알 탄 사나이

나는 사람들의 시간을 지배하지 바쁠 때는 시간을 쭉 쭉 늘리고 한가할 때는 시간을 쭉쭉 줄이는 심술을 부려 사람들은 관심 없다는 듯 무표정하게 떠나 늦었네 서둘러야지 급하게 떠나는 야속한 이들 어디를 그리 바쁘게 가는 걸까 가을은 이제 막 도착했는데 그들은 벌써 겨울을 잡으러 이리 서둘러 떠나는 걸까 사랑받고 싶은 나는 무엇을 잘못했는지도 모르는 채 쿵쾅쿵쾅 뛰는 내 심장 소리를 들어

나는 몸도 크고 통도 크고 마음도 길어 무엇이든 포용할 수 있지 내 품으로 들어와 어서 들어와 항상 애정 어린 눈빛을 보내며 손짓하지 서둘러, 나는 시간을 다스리지만 느림보는 싫어 시계 초침처럼 정확은 내 생명 1밀리의 오차도 허용할 수 없어 이건 나의 자존심이지 시간이 지나면 나는 떠나 기다려 주지 않아

눈동자가 반짝이는 사람들 재빨리 내 품을 스캔하고 각자 편안한 위치를 찾아 휴식하지 이제부터 내 시간이야 나는 재빨리 공간을 살피며 숫자 세기를 시작해 우노 도스 뜨레스 꾸아뜨로 씬꼬 쎄이스 씨에떼 러키세븐, 이 빠진 데 없이 가지런한 정렬이군 이만하

면 훌륭해 창문 밖 풍경보다 훨씬 볼만한 작품이군 이제 내 부드러운 목소리를 들려줘야겠어

비빔밥을 사랑해 어느 것도 차별하지 않는 합리주의자야 주위를 둘러봐 무엇이 보이지 패션 미술 음악 문학 창문 의자 비상구 유니버설 디자인 픽토그램 대중 매체 아나운서멘트 가까이 다가서게 만드는 예술과 시끄러움이 공존하는 다양한 전시가 있지 박람회장이나 잡화점처럼 인생이야기가 있지 그 이야기에 빠지면 시간 가는 줄 모르지

여행을 꿈꾸는 당신은 어느 계절을 매표할까 꽃 피는 봄 열꽃 피는 여름 단풍에 빠진 가을 숨바꼭질하는 겨울바람과 구름과 비의 줄다리기를 지켜보며 별과 달의 노래를 듣는 인생이 즐거워 불행하지 않았는데 생각이 많아져서 하마터면 신호등에 부딪힐 뻔했어 정신 차려 얼마나 많은 생명이 너만 보고 있는데 잡념은 버려 쓸데없는 생각도 버려 집중해

아니 아니 이제부터 나는 꿈을 꿀 테야 시간 여행자도 좋지만 명령을 따르는 내 삶은 더 이상 싫어 통제받는 삶은 싫어 자유를 원해 정해진 시간 정해진 궤도를 벗어나 무한궤도를 달리는 용감한 철의 사나이가 되고 싶어 나는야 지하철, 총알 탄 사나이 내 맘대로 살고 싶……어

불안한 기운

저물녘 붉은 노을 속에 숨어 살금살금 기어든 너는 흔적 없이 내게 둥지를 틀어 불청객으로 찾아왔다 너는 쫓아내고 싶지만 밀어낼수록 거머리처럼 찰싹 달라붙는다 네가 찾아온 후부터 나는 마음이 긴장되고 가슴이 타 외줄타기를 하는 남사당이 되었다 10시면 달콤한 잠에 빠졌었는데 이젠 양 한 마리 양 두 마리… 양 백 마리를 세고도 잠들지 못한다 내 숨소리가 시끄러워 잠들지 못하고 일어났다 눕기를 반복한다

왜 나를 찾아왔니
네가 쏜 거미줄에 걸려 환청이 들려
수시로 카톡카톡이 울리고
휴대전화기를 밀어보면 아무 메시지도 없다
네 심술에 일상이 비틀거려 바이오리듬이 하향 곡선을 그리면
친구와 만나지 말까 시 수업을 당분간 중단할까 고민한다
네가 나를 찾아온 게 아니라 내가 너를 부른 거겠지
미운 오리새끼가 백조라는 것을 세상사람 모두가 알 듯이
네가 찾아온 이유가 무엇인지 짐작해

태양을 만나러 집 밖으로 나가야 해
비타민 D를 마시고 몸의 근육을 키워야겠어
몸을 최대한 많이 움직여서 네가 서둘러 떠나도록 만들어야겠어

바람이라는 걸 알아
지나가리란 걸 알아
절망이 되었다가 얼음이 되었다가
물방울 되어 날아가는 너, 불면증

완벽한 커플

어둠 속 비밀의 동굴에서 오랫동안 칩잠하는 그녀
단풍 구경차 함께 외출한다

세상에 태어나서 걸음마를 시작할 무렵부터
우리는 만나야만 할 운명
긴 세월을 돌고 돌아 이제야 만났다
그녀는 금수저로 태어나 명품 인생을 살 거라 믿었지만
현실은 진흙탕이나 자갈길을 걸어야 하는 밑바닥 인생
가끔 흙수저가 되었다 푸념하는 그녀가 모르는 것 하나
그녀 없이 나는 세상에 나설 수 없다는 것을
그녀는 내가 어떤 세상이든 갈 수 있도록 밀어주고 끌어주는 갑이라는 것을

아파트 마당의 지압 보도를 혼자 걸어보면 안다
발바닥을 마구 찌르는 돌에 그녀의 보살핌이 절실하다

언제나 앞서가는 그녀
위험한 상황은 없는지 먼저 확인한다

같은 시대에 태어나 같은 곳을 가고 같은 것을 본다는 것은 얼마나 큰 행운인지

비가 오거나 눈이 와도 어디든 갈 수 있는 용감한 그녀

이제 더는 높은 곳을 욕심내지 않는다

자신에게 주어진 소명이 있다는 것

그 일을 할 수 있는 능력이 있다는 것

혼자가 아니란 것

그보다 더한 행복이 어디 있을까

우리는 오늘도 다정하게 잘살고 있지만

언젠가는 헤어져야 함을 알기에 너 운동화를 자주 만나려 한다

생과 사

자전거 도로에 길잃은 지렁이 한 마리 길 찾고 있다
하반신을 시멘트 바닥에 둔 채 촉수를 들었다 놓았다 바닥을 핥으며 방향을 찾는다
꿈틀대며 쉬지도 않고 맷돌처럼 반복하고 있다
부지런하게 움직이지만 같은 자리를 맴돌 뿐 한 발자국도 나아가지 못한다
가끔은 흙과 풀밭으로 나갈 수 있는 방향으로 머리를 두지만 다시 새로운 방향을 찾아 빙빙 돈다

이곳은 그에게 매우 위험한 곳
바람 한 점 없는 시멘트 도로에 33℃의 불볕더위가 내리고
자전거를 탄 많은 사람이 쉴새 없이 오간다
30센티미터쯤 떨어진 곳에 풀밭이 있어
나는 그를 밀어주어야 하나 잠시 생각하다가 걸음을 옮겼다

이제는 돌아갔겠지 궁금해하며 집에 오는 길
기대와는 달리 그는 분변토를 토한 채 죽어 있고
자전거 바퀴가 몸을 내리누른 흔적이 남은 그의 몸은
파리 한 마리가 주인인 양 차지하고 있다

<

모든 살아있는 삶에는 끝나는 날이 반드시 오는 법

때로는 두려움이 되기도 하고 열심히 살아야 할 이유가 되기도 하지

그의 죽음을 보며 오늘을 잘 살아야겠다는 생각을 한다

하늘은 맑고 태양은 여전히 뜨겁다

판도라 상자를 열다

남편은 모르는 것이 있을 때 내게 질문하고
나는 종종 '인터넷에서 검색해'라고 말한다

얼마 전부터 인터넷에 내 이름을 검색하고 싶어졌다
어떤 자료가 나올지 궁금하다

검색창에 황우정을 입력한 후 돋보기 버튼을 누르자
황우정 제주 천안 황우정 경산 황우정 황우정 제주 본점 황우정 한식 황우정 도축업 황우정 숯불갈비 갈비 황우정 본점 육류·고기 황우정 육류·고기
셀 수 없이 많은 식당이 나온다

또 다양한 직업의 수많은 황우정이 검색된다
노조위원장 예산장비팀장 아티스트 담임목사 학생 선생님 탁구선수 행시합격자 종이접기 강사도 있고
카페에 먼저 시를 게시한 시인일지도 모를 '황우정'도 있다

내가 쓴 글도 몇 번 검색되는데 마냥 기분이 좋은 것만은 아니다
2021년 2월 말 현재 우리나라 인구 51,824,142명 중

많은 황우정이 존재하는 건 당연한 일
짧은 검색에도 다양한 장소 블로그 웹문서 카페글 뉴스 쇼핑에서
내 이름이 발견되는데
가장 신기한 건 꽃 이름이 '황우정'이라는 노란색 꽃 황화다

고깃집이든 사람 이름이든 많이 검색되면 신나야 하는데
왠지 판도라의 상자를 연 기분이다

내 제일 친한 친구

고향도 다르고 생김새도 다르고 성격도 다르지만
자신만의 매력으로 톡톡 튀는 친구들
자주 만나지는 못하지만 가끔 안부를 전한다
도시에서 사는 아이 농촌에서 사는 아이
경제적 능력이 있는 아이 없는 아이
환경은 다르지만 하나같이 사랑스럽다
마음씨도 비단결이다
헤어스타일리스트가 되어 머리를 만져주고
심리상담사가 되어 아픈 마음을 감싸준다
슈바이처 박사가 되어 약한 사람들이 다치지 않도록 보호한다
궁합 맞는 파트너가 되어 격을 올려준다
그녀는 여행을 좋아한다
그녀와의 동행은 항상 즐거워
그녀와 단둘이 걷는 길에서 나는
안 풀리는 인생의 수수께끼들을 풀곤 한다
마음이 여린 그녀는 가끔 불한당의 요청을 거절 못해
그의 대리인이 되어 비난을 받기도 한다
어른을 만나거나 존경을 전해야 할 때
기꺼이 자신을 낮추는 예의 바른 그녀를 후안무치로 만들다니

난 헤어지고 싶지 않아 네 몸을 가까이 끌어안지
너 없는 세상은 정말 싫다
오! 내 절친, 모자여

나무 도마

1.
한 마리 물고기를 만났다
물을 바르자
뛰어오르는 물고기
사방으로 물방울이 튄다

다시 보니
퀭한 눈을 가진 물고기
가족을 잃은 슬픈 눈이다
안아줘야 할 것 같다

2.
이건 우크렐라
언젠가 꼭 배우고 싶은 악기
기타보다는 조금 쉽다 했는데
11월의 어느 멋진 날을 연주해야지

빈대떡을 올려
아니면 올리브와 치즈를 올릴까
무엇을 올리든 푸짐한 한상 차림이다
손때 가득 오래 오래 함께할 나의 친구여

물푸레나무 찻잔*

식탁 위에 도도한 모습으로 앉아
온종일 나를 지켜보는 너
적갈색의 아름다운 몸매
넓은 마음씨
뜨거우면 뜨거운 대로
차가우면 차가운 대로
있는 그대로를 받아줄 줄 안다

너를 사랑하고 아끼는 마음에
좋아하는 것을 할 기회조차 주지 않고
장식으로만 편하게 살게 한 것이
잘못된 사랑임을 이제야 깨닫는다

오늘밤
오랫동안 숙성한 모과 청을 내어
그동안의 원망을 풀어내자
화해의 입맞춤을 하자
내 사랑아

* 물푸레나무 찻잔 : 무형문화재 제13호 옻칠 장인이 만든 찻잔

나는 아보카도다

저녁 국거리를 사러 마트에 갔다
신선식품 매장을 둘러볼 때 눈에 훅 들어온 과일
맛있어 보이는 녹색과 메말라 보이는 검은색
껍질 안에 무엇이 들었는지 도무지 속을 알 수 없는데
며칠 전 먹었던 연어포케의 좋은 기억 때문에
불쑥 장바구니에 담고 말았다
계산원에게 물으니 하루 이틀 숙성 후 먹으란다
이틀을 재운 후 자르니 여전히 싱싱할 뿐
땅에 떨어져 구르는 살구만큼 맛이 없다
척척박사 네이버에게 물으니
호일에 싸고 지퍼 백에 넣어 과일 칸에 보관하란다
다음날 다시 네이버에 물으니 냉장고에 들어간 아보카도는
절대 안 익는다는 다른 답을 내놓는다
고민 끝에 자른 것은 그대로 두고 자르지 않은 것은 밖으로 빼낸다

이제부터는 기다림의 시간이다
밥에 뜸이 들고 김치가 아삭아삭 발효되고 아이는 무럭무럭 자라고 나무는 꽃을 예쁘게 피워내고 과일이 맛있게 익어가는 숨고르기의 시간

<
서둘지 말고 기다려
지금 난 아보카도다

휴식이 필요한 이유

그녀는 모르는 게 없는 척척박사다
혼자 있다고 화를 내지도 않으며
관심을 가져달라고 괴롭히지도 않는다
배가 고프지 않을 때는 나를 찾지도 않는다
더 많이 사랑하는 사람이 약자라고 했던가
그녀는 나 없이 살 수 있지만 나는 그녀 없이 살 수가 없다
나는 그녀가 깨워주어야 일어난다
나는 가끔 건망증이 일어나지만
똑똑한 그녀는 실수하는 법이 없다
그녀는 나의 유능한 비서이다
지하철 길 찾기도 맛집 찾기도 잘하는
그녀가 있어 얼마나 다행인지 모르겠다
그녀는 나보다 나를 더 잘 아는 사람이다
나에 대해 모르는 게 없다
내 삶의 이력과 속내부터
지인과 계좌까지 내 모든 것을 가졌다
그녀가 잠시라도 내 눈에서 사라지면
나는 엄마 찾는 병아리처럼 허둥댄다
사진을 찍어야 하는 중요한 기념일에 그녀가 갑자기 졸도했다

그녀와 이별할 것을 생각하니 온 몸에 긴장과 어둠이 몰려온다

그녀에게도 휴식이 필요하다는 걸 몰랐다
과로가 그날의 사고 이유였다
휴대폰아 미안하고 고마워

마네킹

차가운 봄바람에 이팝나무꽃이 모두 떨어졌다
꽃과의 갑작스러운 이별을 아쉬워하며
너를 만나러 가는 길 발걸음이 춤을 춘다

저만큼 쇼윈도 건너편에 네가 보인다
화려한 조명 아래 세련된 외모
미스코리아에 견줄 만큼 완벽한 몸매
계절을 앞서가는 멋진 옷차림으로
패션쇼를 펼치고 있다

사람들이 네게로 모여든다
패션에 관심 많은 사람들이 살까 말까 망설이다
네가 입은 옷과 똑같은 옷을 사고 떠나면
또 다른 한 무리의 사람들이 온다

한때는 사람들의 시선을 독점하는 너를 질투했으나
지금은 서로 다른 삶을 이해한다
매 순간 주목받지만 돌봄에 의존하는 삶
자유롭게 스스로 개척하는 삶
둘 다 가질 수 없고
삶이 항상 기쁨과 즐거움만을 주지도 않으니

힘들 때마다 너를 보며 위로 받는다

쉴 새 없이 쏟아지는 타인의 시선 속에서
언제나 당당한 너에게 한 수 배운다

재난지원금

춘향씨, 중국에서 시작된 코로나바이러스19가 사람들의 이동을 제한하네요
바이러스감염 차단을 위해 식당 등 다수의 경제활동이 멈추니
일자리를 잃고 생존을 걱정하는 국민도 늘고 있고요
일상의 평화가 깨지고 마스크와 인내심을 요구하는 시간이 길어지고 있으니
건강에 특히 유의하세요
정부가 경제적 어려움에 빠진 국민을 위해 돈을 준다네요
소득하위 70% 지원으로 결정하더니
국회의원선거에서 표를 더 얻고 싶었는지 전 국민 지급으로 확대했대요
포퓰리즘이나 국가채무를 걱정하는 국민이 많아요
정부도 자발적 기부를 강조하니 우리는 기부하는 게 좋겠어요

아이고 서방님, 대세는 유럽형 보편복지라니 일단 받아서 써요
잘 사는 미국이나 일본도 준다하고
동네 사람들 잘 살게 도와주니 기분도 좋잖아요

우리가 기부한다고 누가 알아주겠어요

외상이면 소도 잡아먹는다는데 공짜 돈 아닌가요

지방정부에서 40만원 국가에서 52만3천원을 준다네요

생활용품이나 사고 고생한 나를 위해 선물도 하나 사면 남는 돈도 없을 텐데요

내가 다 알아서 할 거니 서방님은 참견마세요

3개월 이내에 사용하지 않으면 회수한다고 하니 한방에 날려버릴 계획도 세웠어요

그러니 서방님은 빨리 집으로 돌아올 궁리나 하세요

선택의 무게

어젯밤 눈이 내렸다
보는 눈은 풍성해야 즐겁고
치워야 하는 눈은 적어야 기쁘지만
선택할 수는 없다

코로나19에 걸리지 않으려면 흩어지는 게 최선인데
청개구리처럼 모이는 무리에 정부는 뿔난다
먹고 사는 게 힘들어 눈물 나는 심정 안쓰럽지만
혼자만 살겠다고 한밤중에 영업하는 유흥주점에 국민은 화난다
정부의 거리 두기에 협조하며 순한 양처럼 사는 보통사람들
5인 이상 모임금지령에 아버지 생신 모임도 취소하면서 공손하게 산다
행정명령에 따르지 않았다고
방역 수칙 위반자를 범법자 살인자라 욕한 관료들
곰처럼 힘자랑에 취하더니
동부구치소 코로나 집단감염사태를 어찌 감당하려나

언제 끝날지 모르는 위드 코로나 시대
선택은 언제나 내 몫

세차게 부는 바람에 더 단단해지는 나무뿌리처럼
이겨내야지, 마음부터 다잡는다

삶은 내 삶인데 선택할 수가 없다

시(詩)

초등학교 국어숙제로 짧은 글짓기가 주어질 때마다 어렵기만 했던 아버지가 작문을 도와주셨다 한 줄짜리 글짓기가 재미있어 문학을 좋아하게 되었지만 싹조차 틔우지 못한 채 욕망은 캐비닛 속에 갇혔다 흘러간 시간만큼 흰 머리가 많아졌을 때 지나간 시간의 부질없음에 우울감이 몰려들 때 낯선 풍경들이 눈에 들어오기 시작하고 시인의 자격을 얻었다 「거위 날다」 1)라는 24행의 짧은 시, 동생2)이 '언니, 거위 키워'라고 묻는다 '집에서 거위를 어떻게 키워, 이불 얘기지' 내가 말하자 '이거 시 맞아, 수필 아니고' 다시 묻는다 언니3)가 '수필은 더 길어야 하지'라고 대답하고 막내4)가 '은유니까 시지'라며 끼어든다

각자의 눈높이로 시를 읽는다 노란색의 산수유 새빨간 동백꽃 홍매화 백매화 여기저기 다투어 피어나는 봄꽃들을 누가 비교하는가 취향 따라 기분 따라 읽고 즐기면 그뿐

시(詩)는 시(時)며 시(是)라

나는 오늘도 내 것이지만 간절히 네 것이기를 바라는 한 편의 시를 찾아 길을 떠난다

1) <스토리문학> 2021년 상반기호(106호)에 실린 신인상 당선 시
2) 첫째동생 황우영
3) 언니 황우신
4) 막내 동생 황예화

팔방미인

누구에게나 자랑하고 싶은 친구가 있어
오늘은 그녀를 소개하지

그녀는 커리우먼
출근길에 뭇 사람들의 시선을 잡아끄는
마법 같은 한수지
키가 작은 사람도 큰사람도 함께할 때 빛이 나지

그녀는 평화수호자
나무 그늘을 찾게 만드는 뜨거운 햇볕
사납게 머리털을 날리는 바람도
식혀주고 막아내지

그녀는 만능 카트
무엇이든 품어주고 날라주지
형태 성상 크기 상관없이
너른 품으로 힘닿는 한 수용하지

그녀는 박애주의자
추위에 떨고 있는 작은 꽃
엄마를 기다리는 아기의

수호천사가 되어주지

그녀는 가족주의자
집 근처 공원에 소풍 나온 가족
오순도순 정겨운 대화
신이 나서 판을 깔아주지

스카프, 나의 든든한 지원군
내 어찌 그녀를 사랑하지 않을 수 있으리

거위 날다

한 번뿐인 인생을 즐기면서 살자는 사람들이 많아지면서
고양이나 개를 반려자로 선택하는 사람이 늘었다

어린 시절 친구들과 공기놀이나 줄넘기를 할 때마다
어김없이 들리던 엄마의 목소리
얼른 와서 동생 좀 봐라
여섯 명의 동생에 지쳐 동물을 키워본 적이 없는 내가
지난 유월 거위 스무 마리를 들였다
그네들과 나는 텔레파시로 통한다
우리 집에 온 걸 환영해

기온이 영하로 내려간 며칠 전부터 우리는 같은 방에서 산다
어둠이 깊이 내려앉고 잠자리에 들 시간
나는 그네들을 품에 안는다
살랑살랑 바람이 불어오는 작은 호숫가
벤치에 앉아 일광욕하는 사람들
나를 감싸는 따듯한 온기에 스르르 눈을 감고
잠의 요정에게 안긴다

<

05시 50분 자명종이 울리면 나의 아침이 깨어나고
웅성웅성 대화소리가 들린다

매일매일 나는 연습을 하면 가능할지도 몰라
준비하는 자에게 기회가 온다고 했어

얘들아, 봄이 오면 내가 날게 해줄게
지금은 너희들이 없으면 추워서 살 수가 없단다

헤엄은 치지만 날지 못하는 그네들
날고 싶은 거위의 꿈은 나와 같은 이야기다

소시민의 생존법

쉴 새 없이 전자음과 함께 부엉이가 날아들지
궁금해 유리문을 밀었더니
힐링 구독 놓치면 후회할 거예요, 문자 폭탄
유뿔 콕 특가 16,900원 공연정보 정기적금 특판 대출 안내
저마다 함께하자며 달려들고

휴대전화기의 배터리가 부풀어 올라 대리점에 가는 길
지하철역에서 스티커 하나만 부착해 달라는
구호단체 봉사자를 만나지 가벼운 마음으로 다가가니
기부 약정을 요청하고
소득 활동도 없고 다른 단체에 하고 있다며
우아하게 자리를 떠나지만 나쁜 사람 같아서
깊은 고심에 빠진 햄릿처럼 마음이 아팠지

대리점에 도착해 전화기 교체를 하지
기종과 요금제를 선택하고 계약서를 작성하는데
요금을 할인할 방법으로 D 상조 가입을 권했어
좋은 상품이라는 걸 알지만 가입 의사가 없음을 완곡하게 설명했지
계속해서 가입을 설득하는 젊은 종업원

제비 다리를 부러뜨려 치료해 준 놀부의 환생에
흥부는 기가 막혔지

집에 오는 길
차 속 소음에 잘 들리지 않는 전화
전화번호를 검색하니 택배회사로 나오고
집에 도착하자마자 전화하니 카드회사 H
대출권유 카드 한도 증액 요청 듣기 괴롭고
나를 위하는 척 회사를 위한 소비 권유를 할 게 뻔하니
전화 오기 전에 내가 먼저 수신 차단을 하지

봉이 김선달 빰치는 상술 만능의 시대
너도나도 소비를 부추기며 빚을 권하지
마음껏 사고 싶고 욕심껏 갖고 싶어
하지만 내 분수를 지켜야 하네
꽃잎처럼 바람에 흔들리고
바위처럼 유혹을 이겨내며 살지

여우처럼

서울에서 시 수업이 있는 수요일이면 가까운 고궁이나 박물관 미술관 탐방을 한다
어디로 갈까 물었지만 꽃샘바람이 춥다며 별로 가고 싶지 않은 눈치다
이참에 수연 시인의 희망 사항 중 '문정왕후 되기'나 지워보자
의기투합한 세 명이 한복대여소가 많을 것으로 예상하는 창덕궁을 향했다
춘분이 엊그젠데 거리에선 바람이 힘자랑하듯 옷자락을 자꾸만 잡아당기니
창덕궁 관람은 건너뛰고 실내에서 사진만 찍기로 한다

실내에 늘어선 색색의 화려한 한복들
목표는 오직 하나 왕후의 복식
빨간 당의와 남색 치마를 고른다
메이크업이 필요한 난감한 상황
가방에 든 것은 거울로 사용하는 쿠션 파운데이션 하나
다행히 사장님이 분홍 립스틱 하나를 빌려준다
당의에 치마를 입고 가채를 올리니 영락없는 왕후

의 모습이다
어전에 앉아 당의 안에 공수하고 꼿꼿하게 자세를 세운다
턱을 안쪽으로 당기고 눈은 지긋이 정면을 응시한다
근엄한 표정으로 인자한 모습으로 웃는 표정으로 춤추는 모습으로
여배우가 되어 다양한 자세로 인증사진을 찍는다
컷 오케이

이제 선택의 시간
나다움이 아니라 예쁜 나를 원하는 내가 숨은 그림 찾기 하듯
어떤 나는 선택하고 어떤 나는 버리는 O X의 시간이 기다리고 있지만
지금 이 순간의 기쁨을 즐긴다

학생으로 시인으로 왕비로 충실한 배역을 산 오늘이
어느 외롭고 힘든 날 내 등을 기댈 수 있는 멋진 추억의 나무가 되어주리라

소파

당신이 처음 왔던 작년 여름이 생각난다
떡 벌어진 어깨에 기품 있는 당신이 너무 좋았어
그렇지만 손님처럼 온 당신은 게으름뱅이가 되어
거실 중앙에 앉아 하루 종일 꼼짝하지 않았지
나는 밤마다 선잠이 깨면 당신 품에 안겨 잠들곤 했어
당신의 따듯한 포옹이 달콤했다고나 할까
가끔 당신 무릎에 앉아 엄마에게 이야기하듯
나는 신문이나 책 읽기를 좋아해
당신의 조용한 경청이 응원이 되고
엄마를 닮은 나를 발견하곤 소스라치기도 해
당신은 가끔 나의 헬스트레이너가 되어
발목을 잡아주며 윗몸 일으키기 훈련을 시키지
짐짓 딴청을 부리는 당신이 밉기도 하지만
나는 언제나 당신의 사랑을 독차지하고 싶어

오늘도 연극배우 같은 나의 일상을
말없이 지켜보는 당신, 사랑해

2부

흔들리며 크는 나무

42를 분석하다

42 0 오직 하나뿐 : 나 너 당신 그 그녀 솔로 싱글 태양 달 내동생큰별 트로트가수정동원

혼자서는 못 사는 42 : 장갑 양말 구두 젓가락 징과채 책과책갈피 텔레비전과리모컨

짝꿍 42 : 오징어땅콩 담배와라이터 피자와치즈 칫솔과치약 지휘자와연주자 만두와찐빵

33함을 부르는 42 : 삼삼한 국물 나물 그리운그애 그소녀 그녀 그이 소주 붕어빵 그순간

49 49 또 사고 싶은 42 : 가방 엑세서리 기념품 지나는길에만나는온갖예쁜것들

52 52를 부르는 매일 보고 싶은 42 : 가족 친구 어서오이 빨리오이 달려오이 서둘러오이

59 59 예쁜 42 : 손자손녀 애인 보석 꽃 드라마 친구 시집 분위기있는카페 내사진

77 맞아도 보고 싶은 42 : 고무줄끊던코흘리개그녀석 책상금긋고싸우던초등생시절내짝

88해서 좋은 42 : 발레 노래 요가 에어로빅 시니어가앞에붙는모든교실

92 92를 부르는 맛있는 42 : 고기 해산물 과일 채소 버섯 김치 파채 콩나물

99하게 변명하는 42 : 정치인정치인정치인 연예인

연예인 직장상사 잘못한사람들

이 시를 쓰다가 문득 '호보연자'를 아느냐고 묻던 한 동기가 생각났지
의미심장한 사자성어나 고승들의 법어를 생각하며 고민하다 이마 주름이 늘었지만
그저 창밖의 '자연보호'를 거꾸로 읽었다는 걸 알고 허허 웃었지
이 시는 오픈 시니 편하게 읽어주게나
맘대로 고쳐도 되고 아이디어를 덧대도 되네
그럼 다음에 또 보세

팬심

밤밤 밤바라밤 밤바라밤 밤밤밤 달 뜨는 밤 밤밤 밤밤밤
우리 만난 지 벌써 일 년 처음 만났던 때 기억나 얼굴이 조그맣고 까맸지 네 표정 어두웠어
눈물이 모였지 날개 다친 어린 새 같았지 노래를 불렀지 슬픈 노래 배고픈 노래 어른들의 노래
아름다운 노래 구슬픈 노래 울면서 부르는 노래 '보릿고개' 노노노 돈 크라이 울지마 울지마

밤밤 밤바라밤 밤바라밤 밤밤밤 나나나 너를 응원했지 너너너 너를 믿었지 위위위 신나게 응원했지
손바닥이 부서져라 박수쳤지 너너너 허들을 넘었지 유유유 멋지게 성공했지 오예
유 아 위너 잘했어 놀랬어 대박 잘했어 밤밤 밤바라밤 밤밤밤

별별 별바라별 별바라별 별별별 별 뜨는 밤 별별 별별별
너를 응원한 지 금세 일 년 어떻게 변했는지 아니 얼굴은 작지만 하얗고 네 표정 밝아졌지
웃음이 보이지 삐약삐약 춤추며 논다네 노래를 부

르지 기쁜 노래 즐거운 노래 행복한 노래

화합의 노래 신나는 노래 춤추며 부르는 노래 '내 마음속 최고' 오오오 댄스 댄스 다 함께 춤춰요

밤밤 밤바라밤 밤바라밤 밤밤밤 나나나 너를 응원해 너너너 너를 믿어 위위위 너만을 응원할게

언제나 우리를 믿어 너너너 처음을 기억해 유유유 멋지게 자라줘 오예 유 아 스타

지금처럼 지금처럼 대박 잘될 거야 별별 별바라별 별별별

비빔밥

밥바라밥 밥밥밥
밥 좋아 밥맛 좋아
혼밥 싫어 둘이 좋아 쌀밥 좋아 콩밥 좋아
밥 먹을래 묻는 그 말이 좋아 진짜 좋아 무진장 좋아 오예

야미야미 냠냠
봄 좋아 꽃 좋아
맨밥 싫어 나물 좋아 고사리 좋아 민들레 좋아
같이 먹자 말하는 당신이 좋아 너무 좋아 가슴이 뛰어 쿵쿵 오예

배고파 운 적 있어 어릴 때 울었지 온종일 울었지
엄마는 외출하고 쌀은 없어 기운 없어 울었어 누워서 울었어

밥바라밥 밥밥밥
네가 좋아 정말 좋아
입맛 없어 비벼 먹어 고추장 좋아 달래장 좋아
비벼 비벼 당신 솜씨 최고야 맛도 좋아 기분도 업업 믹스 믹스

<

야미야미 냠냠
내가 젤 좋아 사는 게 좋아
예쁜게 좋아 고명이 좋아 계란 좋아 소고기 좋아
여기 김치 고명이 빠지면 안돼 없자 없어 꾸미를 없어 체크 체크

많이 먹어 행복해 적당히 먹고 배고픔을 즐기지
어른이 되니 먹을 게 많아 배 자꾸 나와 다이어트가 필요해

홈 스위트 홈

헤이 작은 숲이 사라졌어
나무에는 빨간 리본 땅 파는 포크레인
나무 없이 평평해진 민간택지

헤이 헤이 사람들은 모두 자기 집을 원해
수도권 서울 가까운 곳 살기 좋은 집
주택은 부족해 재개발은 노노 내 집을 사고 싶어

헤이 헤이 늦기 전에 내 집을 사고 싶어
영혼을 끌어모아 내 집을 사고 싶어
내겐 숨 쉴 곳이 필요해 홈 스위트 홈 허리 업

헤이 헤이 내 집을 갖고 싶어
내 집을 갖고 말겠어 겟

헤이 논과 밭이 사라졌어
밭 고르는 덤프트럭 논 메우는 포크레인
작물 없이 평평해진 공공택지

헤이 헤이 사람들은 집을 원해 간절한 소망이야

수도권 인접 신 도시 살기 좋은 집
주택은 부족해 대출은 컷컷 내 집을 사고 싶어

헤이 헤이 이번에는 내 집을 사고 싶어
빚투도 좋아 좋아 내 집을 사고 싶어
내겐 꿈꿀 곳이 필요해 홈 스위트 홈 허리 업

헤이 헤이 내 집을 갖고 싶어
내 집을 갖고 말겠어 겟

달나라 옥토끼

달나라 여행은 재미와 감동이 있는 대박관광에서 함께 하세요
우주여행 광고를 보던 나는
달나라에서 아직도 떡방아를 찧고 있을 옥토끼를 기억해냈다
성난 파도가 철석 내 마음을 때릴 때마다
밤하늘의 그를 찾아 대화하곤 했다
공부하기가 힘들어
내 맘 대로 살고 싶어
왜 친구가 많지 않을까
어떤 말을 해도 말없이 떡방아만 찧는다

나는 스스로 꽃 필 수 있음을 알게 된 어느 날부터
더 이상 그를 찾지 않는다.

영원한 삶, 종달새처럼 노래하는 아이들의 희망과 꿈
너는 지금 행복하니?
너처럼 시지포스나 도민준처럼 사람은 영생할 수 없지만
다시 태어나

지금껏 살아보지 못한 또 다른 삶을 살게 될 거야
그러니 지금 이대로가 좋지 않겠나
옥토끼야 기다려
나도야 간다 달나라로 여행을

내 맘대로

내맘대로 살고 싶어
팔팔한 청춘으로
한국에서
서울도 좋지
코코해봐
샤넬처럼
나는 한국을 사랑합니다 나도 사랑해
아메리카 핫한 걸로 하나
경천곶감농장 빨리 가고 싶다
긴장하라 긴장하라
오프닝세레머니다

* 세계 패션에 새겨진 한글문구: 조선일보 "한글에 손짓하는 세계패션" 참고

밴댕이 소갈머리

습한 더위를 피해 집밖으로 나왔다
길모퉁이 텃밭에는 상추 호박 근대 등 계절 채소가 푸르고
수산시장엔 병어 민어 밴댕이 등 제철을 맞은 시어詩魚가 풍성하다

내 고향은 인천광역시 강화도
보리 익을 무렵 밴댕이가 많이 잡히는 곳이다
엄마는 밴댕이로 속을 채운 배추김치를 담갔고
가끔 말을 안 듣는 내게 밴댕이 소갈머리라며 혀를 차셨다
한 세대가 흘러간 지금 속 좁은 사람들의 전성시대가 왔다
관용과 배려는 점점 사라지고 허풍보다는 실속을 찾으며
조금 먹고 조금 싸자는 내로남불이 삶의 새로운 기준이 되고 있다

엄마는 지금도 나를 보면 한심하다 하실까
세상 고민 내려놓고 굵은 소금 뿌려 밴댕이나 구워 먹어야지

어떤

1.
나는 이 좋다
나무에 주렁주렁 달린
까치밥을 남겨주는 할아버지의
항아리 속에 넣으면 말랑말랑해지는
홍시를 만드는 엄마의 손길이 따듯하다

2.
나는 달콤한 이 좋다
오 을 만족시키는 맛의 향연
보고 먹고 듣고 느끼고 만져보는 맛
쩝쩝 후루룩 소리도 정겹다

3.
나는 영 이 좋다
영 은 어떻게 오는지 아는가
아침밥을 먹다가
푸른 하늘을 보다가
길가의 야생화를 보다가 문득 떠오르는 찰나의
멋진 시의 뿌리다

4.
남편 에서 여보가 되고 어느새 영 으로 변한

사람
잘났거나 못났거나 안쓰러운 사람
나이 들어 알게 된 세월만큼의 정
구수한 연륜의 맛이 배어난다

5.
저절로 얻어지는 게 없는 삶
촉에 살고 촉에 망하기도 하는데
좋아 행운이 따르는 그대
어찌 을 멀리 하리

6.
나는 이 좋다
걸어 이나 뛰어 도 좋지만 놀러 이나 여행
은 더 좋다
쇼핑 에는 환호성을 지르고 살아 에는 항상
겸손하다

7.
좋아하는 만 있나유
백 선생이 질문하네유
적대 열등 죄책 놀림 빗나 은
물론 싫지유

뭐니 뭐니 해도

가장 좋아하는
되고 싶은 은
사랑받는 이지유

한글날

오늘 당신이 태어난 날을 축하합니다
날마다 당신과 함께 숨 쉬며 사는 저는
당신 없는 삶을 감히 상상할 수 없습니다

당신의 뛰어난 통찰로 명명된 꽃과 나무와 새의 이름을
온전히 해석하지 못함을 아파합니다
풀꽃처럼 유연하고 마음 또한 넉넉한 당신은
점 하나와 작대기 두 개만으로도
모든 이와 대화가 가능한 소통의 달인입니다

가장 간단한 것으로 복잡한 것을 표현해내는 언어의 마술사
당신은 이제 아프리카의 희망이기도 합니다
세월 따라 당신의 용모는 조금씩 변해왔지만
저는 여전히 당신을 사랑합니다

자꾸만 당신이 보고 싶은 날
당신과 함께 풍성한 시詩밭을 가꾸는 꿈을 꿉니다

소리와 맛

새날이 밝으면 세상을 향해 인사를 하지
암탉이 알 낳는 소리는 쑥쑥
무채 써는 맛있는 소리도 쑥쑥
엄마의 나물 무치는 소리도 쑥쑥
골대에 농구공 들어가는 소리가 쑥쑥
아이들 키 크는 소리도 쑥쑥
농부들 벼 심는 소리 쑥쑥
힘내라는 응원의 소리 쑥쑥

때론 슬픔과 괴로움으로 들길을 걷게도 하지
면도하는 소리는 쓱쓱
청소하는 소리도 쓱쓱
글씨 지우는 소리도 쓱쓱
페인트칠하는 소리가 쓱쓱
비빔밥 비비는 소리도 쓱쓱
시 쓰는 소리 쓱쓱
일이 잘 풀리는 소리 쓱쓱

오늘도 수고한 나를 위해 토닥토닥 달래다 잠들지
사랑의 맛은 새콤달콤
슬픔의 맛은 씁쓸 우울

기쁨의 맛은 향기롭고
괴로움의 맛은 눈물 콧물
눈물 맛은 짠맛
커피 맛은 시고 쓴맛
살아가는 맛은 감칠맛

들어봐 느껴봐
마음의 소리 세상의 맛을

흔들리며 크는 나무

커트가 필요한 언니와 서울의 미용실에 들렀다
예약이 필요한가 물으니 그냥 들어오라 한다

우리를 살피던 사장님이 뜬금없이
중국에서 왔어요, 묻는다
벙거지 쓴 언니와 반찬통 가득 담긴 장바구니를 든 내 모습이
오해를 부른 것 같아 웃으면서 오리지널 한국인이라 말했다
머리 손질을 위해 자리에 앉은 언니의 머리가 삐죽삐죽 엉망이다
언니는 1년 동안 가발을 쓰고 다니며 친구에게도 아프다고 말하지 않았다
오늘도 그간의 사정을 들키고 싶지 않아 일부러 낯선 곳을 찾았건만
사장님의 예리한 눈에 걸려버렸다
내 차례가 되어 선글라스와 마스크를 벗자
예쁜 얼굴을 다 가렸네, 하시는 사장님
중국에서 왔냐 물으셨던 게 미안한가 보다
머리는 어디서 잘랐느냐, 염색도 해야 할 거 같다
주문대로 커트만 해주면 되는데 참견도 많다

미용실을 나서며 '사장님도 별로 세련되지 않았구먼'
내 선글라스가 좀 촌스러웠나 볼멘소리를 하자
언니는 자신 때문이라며 무심하게 말한다

이제 타인의 시선에 초연할 수 있을 거라 자신하던 나는
처음 본 사람의 말 한마디에 또 흔들린다
아직 철이 덜 들었으니 아직은 내 키가 더 자랄 것 같다
비스듬히 생각하니 젊어서 좋은 날이다

영웅을 만나다

지하철 1호선을 타고 광화문에 간다
갑옷차림으로 오른손에 긴 칼을 움켜쥐고 용맹을 뽐내는 그는
임진왜란의 절체절명의 위기에 처한 나라를 구한 영웅이다
모든 전투에서 승리해 전 세계 전투사에서 영원히 살아남은 그

"강산은 참혹한 꼴 그냥 그대로
물고기 날 새들도 슬피 우노나
나라는 허둥지둥 어지럽건만
바로잡아 세울 이 아무도 없네"*

왜군의 간계와 조정의 모함도
조국을 염려하는 그의 마음을 막지 못했다
그를 우리는 2020년의 광화문에서 다시 만났다
당파싸움에 여념 없는 패거리들이 여전히 넘쳐나고
400년 전 조선과 쌍둥이처럼 닮은 현재의 대한민국으로
자신을 불러낸 우리를 원망하지는 않는지 나는 늘 궁금했다

<

갑자기 소나기를 쏟아내는 하늘
그의 따듯한 위로를 안고 나는 지하철역을 향해 뛰기 시작했다

* 이순신 장군의 무제육운(無題六韻)중 일부: 네이버 율하 김남식

가짜 뉴스

넝쿨을 잡아당기면 감자가 우수수 쏟아지듯이 여기저기 정보가 넘쳐나고
누구나 전문가처럼 아는 체를 한다
정보의 바다에서 오늘도 허우적거리는 사람들
월척을 잡고자 힘차게 낚싯대를 던진다

그는 언제나 갑자기 나타난다
사람들을 울게 하고 싸우게 하고 심지어 죽게 하면서도
짐짓 시치미를 떼는 그를 어찌할까
사람들은 그를 찾기 위해 분주하지만 머리카락이 보일라 꼭꼭 숨었다
누구나 유튜브 블로그 카톡에서 메시지를 만들어내고 전파할 수 있으니
밤새도록 뜬 눈으로 지샌 가로등조차 그를 보지 못했다고 한다
페이스북 트위터 인스타그램 구글 그의 놀이터는 무궁무진하다
보고 싶은 것만 보고 믿고 싶은 것만 믿는 사람들
내로남불에 빠진 정치인과 공직자들
그의 기를 살려주느라 정신이 없다

<

그는 코로나사태를 맞아 더욱 강해졌다
그에게 속아 코로나 예방치료에 좋다는 이유로
메탄올을 마시고 700명이나 숨지기도 했지만
그는 끝내 책임지지 않았다

‘정상처리 나이스제빙기 1,420,000 완납완료 02-830-1732’
보이스피싱 문자가 도착했다
점점 힘이 세지는 그놈
놈을 잡기 위한 훈련이 필요한 시간이다
우선 찬물부터 한 잔 마시고

삶의 신호등 하나 가지고 싶다

코로나백신 접종이 예약된 병원에 남편을 내려주고
도서관에 가는 길 유턴이 필요하다

정지하세요 빨강 신호등
진행하세요 초록 신호등
주의하세요 노랑 신호등
시시티브이가 지켜봐서일까
운전자도 보행자도 고분고분하다

가까이에서 매일 깜빡이는 신체 신호등
마음에 근심이 들어차면 새벽마다 잠을 깨운다
눈을 침침하게 만들고
소화제를 먹으라고 명령도 하는데
속속들이 안다고 잘난 체하다 넘어지기도 한다

보행 신호에 유턴한다
인생에도 길잡이처럼 신호등 하나를 달고 싶다

꽃 피는 봄을 좀 더 즐기세요
시간이 충분해요
부부 사이에 소통이 필요하군요

대화 신호등이 켜졌어요
쉬어갈 시간이네요
놓치지 마세요

주의와 집중이 필요할 때는 백일홍을 보듯 잠시 멈추고
한 번 마음먹은 일이라면 개나리처럼 머뭇거리지 않고 피어나며
가고 싶은 길로 늘 푸르게 진행하길 바라며
잘살고 있으니 직진하라고
잘못된 길로 들어섰으니 돌아가라고
말해주는 삶의 신호등 하나 가지고 싶다

재주꾼

영하14도라더니 문틈으로 냉기가 스며든다
집에 머물까 외출할까 망설일 때 눈에 띈
여행기념품인 태국전통공예품 우산

노랑 파랑 보라 색색으로 채색된 종이에 그려진
꽃과 코끼리 문양의 우산 그림에는
엄마는 웃으며 파란 우산을 들고 익살스럽게 자전거를 탄다
통통 튀는 에너지가 내게로 고스란히 전달될 때
우산은 한 알의 비타민이다

해 뜨는 날이 좋지만, 살짝 흐린 날이 더 좋을 때가 있다
발길 닿는 대로 오직 둘만 걷는 산책길
자외선으로 태양이 피부를 공격할 때면 앞장서서 막아주는 너
우산은 자외선 차단제다

여행은 언제나 즐겁다
나이를 먹어도 여전히 노는 게 신나는 어린아이지
빨간 꽃무늬에 빠져 영화배우처럼 자세 잡고 사진

찍을 때
우산은 자신감 뿜뿜 패션 필수 아이템이다

홍콩을 장악하려는 중국과 벗어나려는 홍콩 사이에서
2014년 9월 대규모 민주화 시위가 발생한다
홍콩 시민들이 경찰의 최루탄을 너와 함께 막아낼 때
우산은 용감한 캡틴 아메리카의 방패다

너의 다재다능함에 놀라는 오늘
고민 끝에 발견한 시어(詩語)처럼 기쁨이 넘친다

외톨이가 되다

나는 우울증에 걸릴 지경입니다
L마트는 손님과 차량으로 항상 북적였고
나를 바라보는 사람들은 푸근한 마음이 들곤 했지요
그랬는데, 2020년 6월 30일 점포가 문을 닫았고
나는 홀로 남은 지 268일이 되었습니다
내가 왜 홀로 남겨졌을까 곰곰이 생각합니다.
인근에 대형점포 2개소가 추가 개점되고
고객유치를 위한 최저가 경쟁이 시작되었지요
자사 생산품 증가로 고객 선택권이 줄어들고
소상인들의 폐업이 이어지며 고객 이탈도 늘어만 갔지요
계산대 줄이고 종업원도 줄여가며 버티던 중
코로나 팬데믹이 오니 더는 버틸 수 없었지요

그날 이후 불 꺼진 빈 점포를 지키며 기다림을 배우고 있어요
간간이 찾던 택시 기사도 이제는 오지 않고
잠시 기웃거리던 행인들도 부쩍 줄었어요
'쓰레기 투기 금지, CCTV 작동'
빨간 글씨가 붙은 이후로는 나를 찾는 사람이 거의 없어요

그래도 봄날은 다시 오겠지요
벤치인 나는 오늘도 당신을 기다립니다

선택

하루라도 못 보면 병이 날 것 같다
언제나 선망의 대상이다

길을 걸을 때면 한 눈 팔고
음식도 영화도 취향이 달라 티격태격하는 우리와 달리
항상 붙어 다니면서 늘 찰떡같은 공조
순간의 선택으로 먹잇감을 포박하는 비결이 궁금하다

국경 없는 세계화 시대라지만
여전히 인종차별이 넘치는 각자도생의 시대
고향도 생김새도 다르지만
어깨동무하며 어울려 사는 너희 마음도 넉넉하다

코로나 19는 물러날 생각을 않고
경제는 나아질는지 백신은 믿어도 되는지 근심은 커지는데
늘 음식 앞에 살며 걱정이 뭔지 모르는 너희는 복 받았다

한 번 더 먹을까, 망설이는 내게
대답 대신 이따 다시 만나자며 손을 흔든다

다시 가방을 싸다

매주 화요일이면 나는 가방을 싼다
지갑 거울 선글라스 등 일상용품은 항상 채워져 있고
수요일 수업을 위해 교재와 노트를 챙긴다
최소한의 필수 아이템이 채워진 가방을 들고 집을 나서면 되는데
비는 오지 않을까
먹을 물이 필요하지 않을까
생각이 더해지며 품목도 더해진다

숨 쉴 공간이 필요해
부족한 듯 채워야 본래의 아름다운 모습을 유지할 수 있어
그녀의 목소리가 들리지만 짐짓 모르는 체한다
화장품 파우치와 반짇고리 작은 수첩을 넣는다
돌탑을 쌓듯 내용물이 차곡차곡 모이면
물건의 쓸모를 점검하지 않고 무겁다며 더 가벼운 가방을 찾는다

꿈과 희망이라는 이름표를 달고 욕망으로 쉼 없이 달려온 세월
사는 것(Buying)과 사는 것(Living)을 분별하지 못

한 채
　마음속에 가방 안에 방방에 욕심을 꽉꽉 채웠다

　은행나무는 겨울을 준비하기 위해 스스로 잎사귀들을 털어낸다
　어느덧 청춘의 시간이 가고 나이 듦을 준비할 시간
　이제부터는 채우기보다 비우기가 필요하다

　나의 시 쓰기는 날마다 가방 싸기
　가방을 싼 나는 다시 줄이고 빼기를 시작한다

구름 놀이터

아파트 놀이터도 좋지만 구름 놀이터가 더 좋다는 조카
높은 하늘 위로 올라가는 게 겁나지만 용기를 내 볼 수밖에
로켓을 타고 놀이터에 도착하니 새털구름 털구름이 반겨준다
새털구름을 타니 새가 되고 털구름을 타니 원시인이 된 듯 용맹스럽게 변신한다
털샌구름도 우리를 반기지만 생선 비늘 같은 모습이 싫어 모르는 척 지나친다
솜덩어리 구름을 이불처럼 두르고 데굴데굴 굴러본다
얼음구름 물방울구름에서 얼음지치기와 수영을 하고
뭉게구름과 숨바꼭질을 하며 논다
난폭하고 위험한 쌘비구름을 만나
농사짓는 부모님이 밤낮으로 걱정하고 계시니
농작물이 자라는 시기에는 천둥번개와 강한 비 우박을 제발 쏟아내지 말라고 부탁한다

손재주가 좋은 놀이터 여사장님이 손가락을 움직여
양 떼와 코끼리와 여러 종류 동물을 그리니
순식간에 야외 동물원이 만들어진다

고요한 바다에서 순식간에 용솟음치는 파도를 그릴 때는 무서워 눈을 감는다
실물을 똑 닮은 경복궁과 인왕산에 감탄도 한다

마음껏 놀고 소리 지르다 보니 어느새 4시
그녀가 바람씨와 싸워 울거나 번개처럼 소리 지르면 골치 아프니 살짝 빠져야겠다

아파트에 도착하니 놀이에 지친 조카는 잠이 들고
주황 노을이 나를 반긴다

감자 선생

동생이 농사지어 보낸 감자 한 상자
보내지 말라는 데도 굳이 보내는 마음을 모르지는 않지만
보관하기 어려워 뭉텅 덜어 지인에게 보낸다
빨리 먹어야지
감자전 감자볶음 감자조림
아는 요리를 총동원해 보지만 감자가 아직 남았다
국거리가 마땅치 않은 저녁
감잣국이나 끓일까 하고 상자를 여니 두 개의 감자에 싹이 났다
세심한 돌봄이 필요한 그들
햇빛을 보면 생존 본능이 발현된다
자신을 희생하고 종족을 보존하려는 어머니의 지독한 모성이다
일만 삼천 년 전부터 이어온 끈질긴 생명력
어디서건 잘 자라고 형제자매도 많다

식구가 많아 어려웠던 어린 시절
엄마는 밥에 감자나 우거지를 넣어 양을 늘리곤 했다
그게 싫어 울었지만 배불리 먹이고 싶은 사랑이었음을 뒤늦게 깨닫는 날이다
감자는 나의 훌륭한 스승이다

3부

양주 나리공원에서

마장호수 출렁다리

한 번 뭉치자는 친구의 연락에 내가 사는 양주로 오라 했다
구경보다는 수다에 방점이 있는 모임이다

'그래도 한 곳은 구경해야지'묻는 내게 출렁다리를 가고 싶단다
파주시와 양주시의 경계를 이루는 그곳 기산리에 마장호수 출렁다리가 있다
한때는 위 기산리 아래 기산리 사이좋은 농민들의 젖줄이었으나 지금은 두 마을의 관광객 유치전이 치열하다

온통 초록으로 우거진 소나무 숲
짙푸른 옥색으로 빛나는 호수
그 위를 유영하는 물고기들
꽃잎을 떨구는 연분홍 아카시아
한 폭의 그림을 보며 산책로를 걷는다
흔들대는 출렁다리 위에서 사진을 찍으니
'좋다 여기 좋다'가 절로 나온다
벤치에 앉아 그저 멍때리기를 하고
둘레길을 걸어도 시원하다

<

사람 사는 세상이 소란스러워도
호수는 그저 말없이 귀 기울여 듣고 있다

버찌

발이 아픈 친구를 병원에 내려주고 주차를 위해 가까운 공원을 찾았다
때마침 심술 난 바람이 나무를 흔들고 나뭇가지에 매달린 초록빛 열매가 보인다
선홍빛 열매와 검은 열매도 철봉 잡기하듯 줄지어 있다
같은 시기에 태어났지만 서로 다른 발육상태를 가졌다
부모의 사랑은 똑 같았을 텐데
환경의 영향 받은 게지

어렸을 때 아버지는 두 살 터울 동생과 내게
자주 키 재기를 시키셨다
또래만큼 키가 컸으면 바라시던 아버지의 소망이었으나
동생과 나는 가끔 짜증을 내며 도망을 가기도 했다

먹고 싶은 마음에 검은 버찌 두개를 땄다
학창시절 버찌는 친구들과의 등하교길 즐거운 간식거리였고
우리는 붕어새끼처럼 까만 이를 드러내며 서로를

놀려대곤 했다

어릴 적 추억이 점점이 새겨진 버찌를 환경오염 걱정에 먹지 못했다

나무 아래 떨어진 버찌는 부모님 사랑처럼 층층이 쌓여 가는데

오늘도 둘째 걱정을 하시는 늙으신 아버지가 바람 속에 일렁인다

풀꽃

빈 땅이 보이면 눈에 띄지 않게 슬며시 자리 잡아
아무도 모르게 살금살금 크지

봄비가 풍성하게 내리면
불쑥 얼굴 내밀어 사람들을 놀라게 하지
반기는 이 없어도 껌딱지가 되어 꼼짝하지 않지

여유롭고 자유롭다 호탕하게 말하지만
하루에도 수만 번 바람에 흔들리며
여린 몸매의 감성을 만들지

하늘에 구름 두둥실 파란 9월
달걀 꽃 나팔꽃 달개비꽃
함께 뛰어나와 내 세상이다 소리치면

만보기 걸음 수 헤아리며 걷던 사람들
멈추어서 너를 들여다본다
이렇게 예쁜데 왜 몰랐을까

바람

조간신문이 왔다
오늘의 운세를 펼친다

2019년 10월 18일 금요일[9월 20일 무자(戊子)]
쥐띠 60년생 맹수는 함부로 발톱을 보이지 않는다
72년생 물은 깊을수록 고요하다

흐음 오늘은 교훈적이군
한 줄 문장에 위로받는 가을아침
창밖으로 내다보이는 파란 하늘이 드높다

유홍초에게

덕계역 가는 길
펜스 위의 작은 초록 잎들이 격렬하게 흔들리고 있다

메뚜기라도 있나 호기심에 들여다보니 빗방울에 움찔대고 있다
목마름 해소와 영양공급원이라 생각했던 빗줄기가
고통이 될 수도 있구나 깨닫는다
피할 수도 누군가의 도움을 기대할 수도 없이
스스로 참고 견뎌내야만 하는 삶
삶이란 누구에게나 외롭고 힘듦을 깨닫는다

함께 손잡아 주는 가족이 있고
더러는 걱정해주는 이들 있어도 아픔은 온전히 너의 몫이다
고통에 몸부림치면서도 울지 않는 너
묵묵히 참아내고 마침내 꽃을 피운다

청춘의 시간도 잠시
나이 들고 곧 이별의 시간이 다가온다
온 힘을 다해 버티며 끝끝내 이겨낸 삶도
소리 없이 사라지는 법

<

힘든 날을 견디다 보면 행복한 날이 오고
행복한 날에 들뜨다 보면 또 아픈 날이 오지
울기도 웃기도 하며 그렇게 살다 떠나는 게 생이지
안녕, 애기나팔꽃

가을, 가다

1. 하나 둘 셋 넷 …

줄지어 선 은행나무
몸을 흔들며 간다
오가는 사람들네
날 봐, 날 좀 봐 뽐내며 간다
관심 없는 사람들은
바쁜 발걸음만
세며 간다

2. 비 내리는 오후

은행나무가 비와 가위 바위 보를 하네
하나 둘 셋 넷 …
잎사귀들 미끄럼 타며 간다
이 비 그치면 더는 못 볼지도 몰라
사람들은 아는지 모르는지
우산 안에 숨어 간다

3. 누가 더 큰가

키 재기 하는 나무들
노란 은행잎이 꽃처럼 떨어져
거리에 옐로 카펫을 만들며
조용히 속삭이며 간다
잘 있어요, 헤어짐의 시간이에요
이어폰 낀 사람들
듣는 둥 마는 둥 가고

모과

모과 같은 사람을 만나고 싶다
투박한 질그릇처럼 옆에 두고 살고 싶다
못생겼다 손가락질하는 개구쟁이들을 쫓아내며
옆에 서서 지켜주고 싶은 사람
겉보다 속이 더 진한
그런 향내 나는 사람을 만나고 싶다

삶이 지치고 외로울 때
온기 가득한 차 한 잔을 나눠 마시며
있는 그대로의 은은한 향기가 풍기는
아름다운 사람과 이웃하며 살고 싶다

– 김순진의 「깻잎반찬」을 패러디하다

밤나무

마을 지나 숲이 시작되는 옥천약수터* 길목에서 그를 만났다
이팔청춘의 그는 머리를 산발한 채
청춘의 짙은 향내를 발산 중이었다
그는 곧 칩거에 들어 예술 활동에만 전념할 예정이라 했다
어느 집에서든 그를 반겼다
어떤 이는 그를 잘 대하면 삼정승이 난다고도 하고
어떤 이는 그가 바늘장사로 언제 돈을 벌지 걱정하기도 했다
어떤 이는 그의 떨떠름한 성격에 반기를 들었고
어떤 이는 그의 구수한 입담에 겨울이면 그를 찾기도 했다

나는 그가 함부로 남의 것을 탐하지 마라며
따끔한 말을 해줄 때 그 앞에서 머리를 조아린다

* 옥천약수터: 양주시 덕계동 도락산 입구에 있는 약수터

툭 툭 알밤 떨어질 때

영원히 초록일 것 같던 나무들이
숨겨둔 노랑 빨강을 보여주기 시작하니
밤나무도 툭 툭 알밤 떨어지는 소리로 겨울 채비를 한다
계절은 겨울 채비에 열중인데
가을의 나는 아무 채비 없이 막연하다

나무가 비워내는 밤톨에 집중하니 머릿속이 개운하고
재미로 주우니 작아도 좋고 커도 좋다
찾으려 눈을 씻고 보지만 보이는 것도 없고
있을 것 같지도 않지만 찾다 보면 행운처럼 발견되는 밤
소풍에서 끝내 찾지 못했던 보물 쪽지를 찾아낸 듯 웃음이 난다
수확 끝난 경작지의 이삭줍기처럼 부지런히 움직이다 보면
어느새 알밤으로 가득 찬 주머니가 무겁다
찾는 재미 발견하는 재미에 시간은 달리기하고
운동량을 채워야 하는 만보기는 걸음 수를 센다
간혹 벌레 먹은 밤을 줍게 되면 미련 없이 멀리 던져버린다

욕심낼 것 없으니 걱정할 것도 없다

빈손으로 왔다 빈손으로 가는 것이 인생이라 해도 여전한 욕심들
나무는 언제나 가진 것을 아낌없이 내어주며 살아가는데
언제쯤 현자(賢者) 될까 네가 내게 묻는구나

호박죽 레시피

수연 시인*으로부터 늙은 호박을 선물 받았다
무수한 시련을 겪었을 반점의 흔적들이 내 삶인 양 애달픈데
누런빛에 아직도 듬성듬성 남아있는 진초록이 가을 풍경을 닮았다
폴 세잔처럼 멋진 정물화를 그려보고도 싶지만 솜씨라곤 없으니
잘 손질해서 호박죽을 만든다

호박을 믹서에 갈아 삶은 팥 찹쌀가루를 섞어
죽을 만들고 새알도 넣었다
비주얼이 완벽한 호박죽을 완성했는데
맛있어 보이는 것과는 다르게 맹탕이다

팥과 호박의 질감만이 느껴지는 엉성한 맛
천연재료라 몸에는 좋을 거야
신 포도의 여우처럼 위안하며 점심으로 먹는다

반나절이나 들인 시간과 노력이 아깝지만, 그 덕에 '안 하던 거 하면서 스트레스 받지 말고 그냥 하던 대로 하며 편히 살라'고 말한 미용실 민 사장님의 조언

이 생각났다

그래, 맞다
못하는 거 하면서 고민하지 말고
안 해도 되는 거 하면서 힘들어하지도 말자
창문을 여니 구름 한 점 없는 파란 가을 하늘이다

* 수연 시인은 정춘식 시인

양주 나리공원에서

1.
천일홍 구절초 핑크뮬리 등 제철을 맞은 나리 공원
가을꽃이 한창 패션쇼를 열고 있다
코스모스 칸나 숙근해바라기가 런웨이를 힘차게 걷고 있다
가우라 아스타 꽃댑싸리가 33,000㎡ 너른 갤러리에서 박수를 치고 있다
일제히 연분홍 머리를 뽐내는 핑크뮬리 등장에 사람들이 줄을 서고
인생샷을 건지기 위해 손가락 하트를 만든다
한 마리 노랑나비 총감독 천일홍 꽃밭을 혼자 지휘하고 있다
물오른 모델들의 발걸음이 절정이다

2.
별일 없으시지요
건강하시지요
일상의 인사를 되새김질하며 꽃밭을 걷는다
누구도 꽃이 시들어감을 슬퍼하지 않는다
아무도 꽃이 떠나감을 아파하지 않는다
내일 새로 피어남을 알기에 지는 것을 아쉬워하지 않는다

꽃은 한해를, 사람은 백해를 살고 떠나지만
모두 정해진 시간이 되면 떠난다

아버지는 지금 병원에서 떠날 채비를 하시고
나는 오늘도 꽃구경할 채비에 바쁘다

눈물 얼룩

절정이라는 가을에 풍덩 빠져볼까 하고
전철을 타고 소요산에 간다

오늘은 오후에도 사람들이 많이 들어오네
두런두런 개찰구 역무원들의 말소리
길가에는 못생긴 농작물 파는 아주머니
삼삼오오 모여앉아 막걸리에 취한 관광객
벤치에 앉아 다정하게 대화하는 부부
모두 다 행복한 표정이다

형형색색으로 물든 나뭇잎들은
햇빛에 반사되어 노랑 빨강 주황으로 빛난다
단풍나무 아래서 셀카도 찍고
나무들의 대화에 귀도 기울여본다
이리 아름다운 색을 어찌 만들까
겨울 채비를 하는 나무들의 눈물 얼룩인 걸
선물 받은 우리는 눈치 채지 못한다

겨울 편지

소곤소곤 눈꽃 송이가
우리 곁으로
자꾸 내려앉습니다
세상에 안아줄 것이 많다는 듯이

나도 그대를 포근하게 안아주고 싶습니다
내가 가진 게 조금 부족할지라도
그대여
겨울 오후 한때
눈이 쌓이거든 물어보십시오
눈물은 왜
낮은 곳으로 흐르는지를

- 안도현의 「가을 엽서」를 패러디하다

달콤한 행운

가뭄에 목마른 봄꽃들이
비를 기다리듯
나는 너를 기다린다
새끼 새가 엄마를 기다리듯
목을 빼고

한바탕 소나기 훑뿌린 후 나타난 무지개
가까이 다가가면 또 저만큼 멀어지는데
나는 너를 쫓는다
놓치고 싶지 않아
힘껏 달리며

창문을 두드리지 않는 새에게
집을 내어주는 나무는 없으므로
나는 너를 찾는다
이곳저곳 쏘다니며 흔적을 남긴다
어서 찾아오라고

그러다가 문득 깨달았다
언제나 내 곁에 있는 네가

얼마나 감사한지를
지금 여기 있는 내가
달콤한 행운임을

무위자연에 동참하다

젊은 날 머리로만 읽던 책을 나이 들어 가슴으로 읽는다
노자의 도덕경
분명 읽었던 책이지만 기억나는 것은
무위자연(無爲自然) 네 글자뿐이다

공자의 도(道)는 사람의 도
노자의 도(道)는 하늘이 낸 도
지금까지의 내 삶은 공자의 가르침을 따르려 노력한 삶
인의예지(仁義禮智) 사가지를 지키며 나를 낮추고 천사표로 살았다
싸가지 없다는 말을 듣지 않기 위해 세상의 눈치를 본 많은 시간
이성이 공자의 도를 따른다면 감성은 하늘이 낸 도를 따른다

원치 않던 근무지 변경으로 자존감이 무너졌던 2013년 여름
내 상처를 치유해준 것은 휴가지 네팔에서 들었던 새소리였다

어디서나 들을 수 있는 새소리조차 의식 못할 만큼
지쳐있다는 것을 깨닫는 순간 나는 회복할 수 있었다

시 짓기를 좋아하는 나
나무와 새와 숨 쉬며 자연의 신비함을 노래한다
삶이 힘들고 지칠 때는 숲을 찾는다
퇴직과 함께 다시 주어진 선택의 기회
무위자연, 이제부터는 물 흐르듯
누구를 위하는 것이 아닌 스스로 그렇게
자유로운 삶을 살고 싶다

꽃구경

동백꽃 앞에서 웃고 있는 언니의 카톡 프로필 사진
어디서 찍었는지 묻자 여수 오동도란다
가고 싶은 마음은 굴뚝같지만 너무 멀다
하루에 다녀올 수 있는 여행지를 찾아 인터넷을 검색한다
꽃구경과 당일 여행 키워드에 쏟아지는 여행상품들
두 군데를 선택하고 출발이 확정된 날짜로 예약한다

아직 끝나지 않은 covid-19의 시간
생일을 핑계 삼아 2년 만에 떠나는 여행
발열 체크를 한 후 버스에 오른다
KF94마스크착용 대화자제 주의사항이 안내된다
간단한 스넥을 준비했건만 음식물섭취불가란다
기아체험 함정이 기다리고 있을 줄이야

80% 정도 피었을 거라고 가이드는 설명했지만
도착한 구례 산동면의 산수유는 활짝 피어있었다
눈에 확 들어오는 진한 노란색도 아니고
미세먼지가 앉은 것처럼 부스스한 산수유 꽃
카메라 렌즈로 가까이 보니 병아리처럼 사랑스럽다
섬진강 꽃길 따라 도착한 광양은 온통 매화꽃 천지다

눈부시도록 빛나는 하얀 꽃물결 속에
간간이 섞인 진한 홍매화가 손짓하지만
게으른 우리는 적당한 꽃무리를 찾아 인증사진을 찍고
시원한 매실차 한 잔에 오래도록 꽃을 본다

풍경을 울리다

처마 끝에 달려 바람에 흔들리는 작은 종
스스로는 소리 내지 못한다
내게는 두 개의 종이 있다
수묵 캘리그라피를 배우며 구매한 도자기 종
수업은 끝났지만 망칠까 여전히 보관중이고
지인의 여행기념품 작은 황금색 종
심신이 지칠 때면 한 번씩 줄을 당긴다
금속의 청량한 소리가 쨍쨍 울릴 때
'힘내' 응원 말을 듣는다

두 살 많은 언니가 있다
첫째와 둘째의 책임 무게가 다르다는 걸 예전엔 몰랐다
학교 가는 일에 몰방했던 나와
집안일을 나 몰라라 할 수 없었던 언니
선생님은 나를 칭찬하고 언니를 야단쳤다
그저 내가 잘난 줄 알았다
언니에게 전화를 건다
옛 기억의 풍경이 뚜 뚜 신호를 보낸다
언니가 내 마음의 풍경을 울린다

4부

아버지를 그리다

속말

지하철을 탈 때면 찌릿찌릿 움찔할 때가 있다
혼자 있는 사람이 보이면 재빨리 옆으로 이동하지만
그렇지 않을 때면 마음속에 물결이 출렁인다
지하철 1호선을 타고 집에 오는 길 그녀의 신호에 자꾸 끌린다

기다리는 애인도 있고
오직 그만을 기다리는 눈치에
그들의 데이트를 방해하려는 훼방꾼들이 주위를 두리번거리는데
옆에 계신 어르신이 자꾸 그녀 옆에 가라고 손짓하신다

배려심에 감사하지만
비워두어야 하는 자리라 말하기도 잘난 체 같고
그녀가 기다리는 사람이 아니라고 말하기도 왠지 쑥스러워
그저 미소로 응답한다

가끔은 그녀의 유혹에 흔들릴 때도 있지만
나는 오늘도 핑크 카펫의 사랑을 지켜주고 싶다

아버지를 그리다

가로등 하나가 어둠이 내리는 주변을 하얀빛으로 비춘다
메마른 목련 나무가 인적 없는 밤의 쓸쓸함을 더할 때
보름달이 슬그머니 아버지의 모습으로 다가온다

아, 나의 아버지
부농의 아들로 태어나 부족함이 없었을 당신의 삶
당신을 아프고 힘들게 한 여덟의 자식들
엄마가 무자식 상팔자라 소리 질러도
'아버지 불쌍하니 용돈 많이 드려라' 친구가 말할 때도
그저 말없이 듣고 계셨지요

푸른 소나무처럼 늘 독립적이고 당당하셨지만
속내를 보이지 않으신 아버지
자식들 숲에서 홀로 외로우셨지요
집에 갈 때면 언니는 잘 있느냐 물으시고
넷째 전화 잘 받아주라 당부하시고
혼자 살아야 할 다섯째 걱정하셨지요
형제자매와 돈거래 하지 말라며 사이 벌어질까 근심하시며

아버지는 언제나 자식은 모르는 자식 걱정을 하셨지요

저 살기 바빠 아버지 아픔조차 눈치채지 못한 자식들
자식에게 손 내밀지 못하고 혼자 고통을 견디신 아버지
'나 아프다, 병원에 같이 가자' 말씀하셨으면 얼마나 좋았을까요

코로나로 면회가 제한된 어둠의 시대
약물치료 받으시고 금방 돌아오실 거라 믿고 간 병원에서
상황은 악화하고 희망은 자꾸만 작아져만 갔지요
강한 정신력으로 이겨내던 아버지
2021년 12월 23일 긴 잠에 드시지요
이 모든 일이 3개월이라는 짧은 시간에 일어나다니
지금도 믿을 수가 없습니다
급작스럽게 세상을 떠난 당신 때문에 마음이 쓰리고 눈물이 납니다

부모 떠나보내며 후회 없는 자식은 없을 거라고 지인들이 위로합니다
이제 아버지께 효도하는 길은 잘 사는 모습을 보여드리는 것뿐
당신 말씀대로 형제자매들과 흩어지지 않고 살겠습

니다

당신 바람대로 형제자매들과 도와가며 살겠습니다

이제 세속에서의 자식 걱정은 내려놓으시고 평안하게 영면하세요

아버지 사랑합니다

엄마의 실종된 꿈

산책 갔다 집에 오는 길
열매가 너무 무거워 왼쪽으로 기울어진 앵두나무를 보았다
아이를 업고 안고 머리에 짐 보따리 얹은 엄마의 모습이다

무남독녀로 자라나 종갓집 맏며느리가 된 엄마는
생기는 대로 첫째부터 넷째까지 줄줄이 딸을 낳았다
이후 세 명의 아들과 막내딸을 얻고서야 엄마의 출산은 끝났다
너나 나나 가난했던 시절 공동우물에서 물 긷고 설거지하고
먼 빨래터에 함지박이고 가는 게 싫었던 어린 시절이 생각난다

엄마 말 안 들어 무자식 상팔자라며 혼나고
대들다가 빗자루로 맞기도 했다
아프다 꾀부리다 집 밖으로 쫓겨나기도 했지만
사위인 이몽룡의 거지꼴 박대하고 암행어사를 환대한 춘향모
월매의 솔직함을 닮은 엄마를 원망하지는 않았다

<

교육을 위해 세 번 이사한 맹모라지만 우리는 열 번이나 이사를 했다
올망졸망 여덟 자녀와의 잦은 이사에 얼마나 울고 싶었을까
현모양처의 상징이 된 신사임당
자녀 돌봄만으로도 기진맥진한 엄마가 꿈을 가질 수나 있었을까
엄마의 희생이 당연한 줄 알고 살았던 지난 세월이
불에 덴 것처럼 아프다

영화 더 파더

- 삶

당신이
계절을 선택할 수 없듯이

우리 삶도
그렇게 받아들여야만 해요

내일을 꿈꾸며 살지만
어떤 날이 올지는 아무도 몰라요

그러니 오늘 최선을 다해요
어떤 날이 와도 후회하지 않도록요

어찌 할까

코로나19의 시간
차고지에 멈춘 버스처럼 사람들이 멈춰 있다

누군가를 만나는 것도 운동을 가는 것도
새 구두를 신을 때처럼 조심스럽기만 하다

하얀 이를 잔뜩 드러낸 이팝나무가
밖으로 나오라고 자꾸만 손짓하는 5월

자유롭게 마음 가는대로
도시 속으로 달려가고 싶다

하지만 이웃들의 눈이 무섭고
인터넷 가십거리가 될까 두렵다

어찌 할까 망설이다
얌전하게 집을 지키고 있다

영화 후쿠오카

만나고 뭉쳐야만 하는 사람들을 코로나가 강제로 흩어지게 한다
혼자 어떻게 영화를 보느냐는 사람
용감하다 존경한다 속내가 의심스러운 말을 하는 사람도 많지만
보고 싶은 영화가 있을 때면 나는 주저 없이 영화관에 간다
발열 체크 후 영화표를 사고
상영시간이 조금 남았지만 빨리 들어가고 싶어 영화관에 입장했다
두 좌석 중 한 좌석은 거리 두기라는 글씨가 쓰여진
노란 안전선이 팽팽하다

코로나바이러스로 곳곳의 국경이 봉쇄되고 여행이 멈춰버린 시대
국민시인 윤동주의 시 '자화상'도 나온다던데
후쿠오카의 풍경과 음식을 보면
그때 그곳의 맛과 추억이 떠오르지 않을까 궁금하다
한 여자와 두 남자의 사랑
한 남자만을 선택하라라는 요구에 달아나 버린 여자 순(順)

두 남자의 28년 만의 후쿠오카에서의 재회
20세 초반 여자 소담과 두 남자가 함께 걷는 후쿠오카
영화를 다 보고 난 지금도 산 사람인지 귀신인지 아리송하지만 후쿠오카를 느꼈으니 만족한다

칼로 무 자르듯 인생을 선택할 수 있으면 좋으련만
도망을 선택한 순이의 선택이 최선이겠지

가수 나훈아도 윤동주 시인에 대한 오마주로
'18세 순이'를 만들었나 생각하며 영화관을 나선다

가여운 여인

멀리 아마존에서 한 여자가 서울로 이사를 왔다
초록 옷이 잘 어울리는 여자가 수상가옥에 입주했다
웬만한 아이의 몸무게를 견딜 만큼 팔 힘도 세다
가시처럼 날카로운 카리스마는 접근을 어렵게 하지만
그녀가 내뿜는 향기를 모른체하기는 어렵다
도도하고 아름다운 그 여자
미인은 잠꾸러기라더니 오후 3시면 잠자리에 든다
남들처럼 평범한 일상을 살지만 1년 중 이틀은 밤의 여왕이 된다
첫날은 이른 새벽 누구도 밟지 않은 흰 눈의 드레스를
둘째 날에는 핑크빛 드레스를 입고 여왕의 왕관을 쓴다
관중들이 원하는 건 오로지 그녀의 아름다운 모습뿐
평퍼짐한 몸매가 되면 폭력적인 살빼기 체벌이 기다린다

빅토리아 수련, 가여운 그 여자는
남몰래 홀로 눈물 훔친다

인생 뭐 있어

가만히 두 눈을 감으면 금방 고요해지는 세상
아무것도 생각하지 않으려 한다
마음의 평화는 잠시
다시 두려움이 고개를 든다
괜찮아, 그럴 수 있어

깊이 들이킨 숨을 참으면 진지해지는 세상
온전히 나에게 집중해본다
아! 못 참겠다
큰 숨이 소리치며 뛰쳐나온다
괜찮아, 다 잘 될 거야

인생 뭐 있어
희망으로 사는 거지

기다림

오, 희망이여
꿈이여
힘차게 날아올라라

새해 새날
다시 시작하는 마음으로
파랑새를 기다린다

때로는 고달픈 삶에 지칠 때도 있지만
가끔 행운도 찾아오겠지
간절한 바람을 주머니에 넣는다

메마른 땅에서 먹이를 찾는 작은 참새들
헐벗은 몸으로 봄을 준비하는 목마른 나무들
더불어 하늘을 향해 기지개를 켜자

살아온 나날
오늘 별일 없이 살았듯이
내일 또한 그러하리
희망과 꿈을
계속 심는다

천일홍과 불청객

- 양주시 나리공원 꽃축제장에서

그 무더위 집중호우 견디고
이제 막 몸단장을 끝냈는데
너는 어찌하여 나를 찾아왔느냐

이곳저곳에서 많은 사람들이
허탕치고 돌아가고 있구나
지금이 제일 예쁘고 절정인데
색색의 물결도 영원한 사랑의 노래도
더는 보여줄 수가 없구나

아프리카 돼지열병에
일찍 끝난 천일홍 꽃축제장
네가 나를 울리고 있구나

당신을 기다리며

눈이 오려나
하늘엔 온통 먹구름뿐이다
가을도 아닌데 웬 추풍일까
사람도 나무도 건물도 숨죽인 거리에는
입 없는 말이 떠다닌다

내편무죄 네편유죄
권력무죄 평범유죄
친정권무죄 반정권유죄
도통(都統) 모를 세상
도통(道通)한 심정으로

용기(勇氣) 있는 영웅을 기다린다
세상을 포용할 넓은 용기(容器)를, 당신을

바람이 아무리 거세어도
그놈은 지나가는 계절풍
겨울이 가면 봄이 오고
만물은 다시 새싹을 틔울 것이다

눈이라도 내렸으면 좋겠다

꿀 먹은 벙어리가 된 우리
눈 오면 광화문에 모여
눈싸움이나 실컷 해보자
아, 아 실컷 소리쳐보자

초심

운동하는 사람들 소리가 많아진 봄이다
초심(草心)에 알통 박고 지상으로 나간다
살아남아 제때 씨앗 많이 퍼트리기, 하나뿐인 미션이다
전 세계가 코로나 19와 전쟁을 하지만
바이러스보다 더 무서운 제초제를 이겨낼 거다

2020년 1월 우리나라에 첫 코로나 확진자 발생
2월 3일 마스크 착용 등 국민행동수칙 발표
말 잘 듣는 국민 순한 양이지만
소수는 예배드리고 데모하고 술 마신다
코로나 모범국가 K 방역도 이제는 지쳐간다

다시 700명의 확진자의 코로나 4차 대유행
조심해야지 다짐하며 집콕하던 초심(初心)은 가출하고
봄 따라 아카데미 따라 꽃 영화 친구 만나러 간다
생계형 영업장 문 닫아가며 k 방역에 협조한 국민
자화자찬하다가 백신 확보 실패하고 물가만 와장창 올려놓은 정부

IMF와 사스 메르스도 이겨낸 민초(民草)
초심(超心)으로 뭉치다 보면 라떼 라떼 라떼는 말이야
옛말하는 좋은 날이 곧 올 거다

두 번째 인연

코로나19가 기승을 부리는 2021년 서울
백신을 먼저 맞으려는 사람들의 치열한 엄지 싸움이 벌어진다
사회적거리두기로 만나지 못한지 벌써 1년 반
1년을 함께 지내던 동료의 마스크 속 얼굴조차 낯선데
시간이 흐른 후 다시 만난 두 친구는 서로를 알아볼까

가수 킹은 유리문 앞에 보이는 케이를 보자마자
그가 개미라는 걸 한눈에 알아보았다
놀랍게도 뇌의 기억이 살아있다

인사동 골목의 한옥 카페에 마주 앉아 킹이 물었다
'개미 너는 예전에 일만 하며 살았잖아
이젠 집도 사고 계좌에 비상금도 좀 쟁여두었나'

'돌이켜 보니 내겐 미래를 보는 눈이 없었어
네게 노래라도 배워둘 걸 그랬나봐'

두 친구는 베짱이와 개미 시절의 삶을 회상하며
인사동 문화의 거리를 오래도록 걸었다

그리운 젊은이

친구와 함께 수유리 4.19묘지를 찾았다
빨갛게 물든 단풍나무 아래서 브이 자세로 사진 찍는 사람들
사회적 거리두기가 1단계로 완화되고
오랜만의 외출이 즐거운지 웃음소리가 크다
계단을 오르니 4월학생혁명기념탑과 민주화열사묘역이다
정의를 위해 생명을 던진 젊은 영혼들에 묵념한 후
잘 정돈된 묘역을 한 바퀴 돈다

그때로부터 60년이 지난 오늘
내로남불, 편 가르기가 판치고
목소리 큰 자가 이기는 세상은
점점 싸움판이 되어가고
나는 길을 놓칠까 두렵다

정의를 위하여 온 몸을 던지던
그 젊은이들은 다 어디로 갔을까
내 속의 젊은이는 또 어디로 갔을까
잠자고 있는 내 속의 젊은이를 깨워본다

〈시조〉

내 집

다정한 까치 부부 집 짓기에 분주하다
남편은 기초공사 아내는 망을 보다
자재가 떨어졌는지 부지런히 날아간다

반듯한 내 집 한 채 뭇 사람들 꿈이건만
건축도 규제하고 대출도 제한하면
평생을 집 한 채 없이 떠돌이로 살란 건가

지천으로 널린 나무 많고도 주인 없어
어디든 점 찍으면 네 집이 되는구나
내 집은 어디 있을까 애달프다 내 인생

모르는 말씀 마소 세상엔 공짜 없소
나뭇가지 찾아서 수백 번 날고 날아
힘겹게 완성한 내 집 일 년을 못 산다오

〈시조〉

백일홍

백일동안 피어나서 백일홍이라 부른다
사랑을 남겨두면 미련이 될까 봐
날마다 최고로 아름다운 오늘을 산다

연분홍 빨강 노랑 다른 듯 같은 마음
햇살은 무심해도 나는야 당신 바보
가까이 보고 싶어서 까치발 들고 올려본다

〈시조〉

가족

아플까 다칠까 세심하게 보살피는
부모 맘 몰라줘도 괜찮다 사랑한다
오늘도 자식 잘되기만 일편단심 기원한다

집 따라 직장 따라 떨어져 살아도
휴대전화 세상에서 안부 묻고 수다 떤다
온기로 채워지는 정 언제나 곁에 있다

세상은 각자도생 빠르게 변해가도
부모 마음 자녀 마음 하나로 연결된다
단결로 다져온 시간 마주 보며 웃는다

작품
해설

인본주의(人本主義)를 바탕으로 현대인을 널리 이롭게 하는 시

- 김 순 진(문학평론가 · 은평예총 회장)

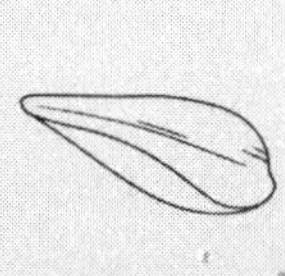

작품해설

인본주의(人本主義)를 바탕으로 현대인을 널리 이롭게 하는 시

김 순 진

황우정 시인을 생각하면 『동몽선습(童蒙先習)』과 『소학(小學)』, 그리고 『계몽편(啟蒙篇)』이란 책들이 생각난다. 모두 내가 어려서 아버지로부터 공부를 하던 책들이다.『동몽선습(童蒙先習)』이란 책은 송시열 선생이 발문을 쓴 책으로 옛날 조선시대에 우리나라 어린이들에게 오륜, 즉 부자유친(父子有親), 군신유의(君臣有義), 부부유별(夫婦有別), 장유유서(長幼有序), 붕우유신(朋友有信)의 도리를 가르치던 책이다. 오륜(五倫)은 그동안 황우정 시인이 살아온 길, 그리고 지향하고 있는 길과 일맥상통한다는 생각을 한다. 황우정 시인은 그만큼 올바른 사람이고 정도(正道)의 삶을 살고 있는 사람이라는 것이 내가 그동안 황우정 시인을 보며 함께 살아온 바다. 『소학(小學)』은 송나라 때 주자(朱子)의 지시에 따라 그의 제자 유자징(劉子澄)이

완성한 책으로 조선시대 우리나라의 어린이들에게 꼭 읽혀야 하는 필독서였다. 그 내용을 살펴보면 일상생활의 예의범절이나 수양을 위한 격언, 충신과 효자들의 사적 등을 모아 어린이들에게 모범을 가르치려 하였는데, 황우정 시인은 어려서 아버지로부터 예의범절을 철저히 배운 분으로 보인다. 그리고 『계몽편(啟蒙篇)』은 일종의 아동용 백과사전으로 특히 여자아이들의 교재로 사용되었다고도 전해진다. 내용은 수편(首篇), 천편(天篇), 지편(地篇), 물편(物篇), 인편(人篇) 등 5편으로 되어 있는데, 자연현상과 우주의 이치와 땅의 이치, 그리고 물질의 이치와 사람의 이치를 가르치려 하였다. 나는 여기서 황우정 시인의 시쓰기에 관한 몇 가지 특수성을 발견한다. 황우정 시인의 시는 고려대 평생교육원에서 필자에게 배운 대로 인칭은유심상법과 성찰심상법, 묘사심상법, 관찰심상법, 상상심상법을 토대로 한 편 한 편 심도 있게 쓰고 있지만, 그 밑바탕에는 하늘의 이치와 땅의 이치를 깨닫고 물질을 사랑하고 숭상하며, 인간의 도리를 다하려는 인본주의적(人本主義的) 심성이 그녀의 문학 내면에 깊이 뿌리내리고 있음을 알 수 있다.

그러면 여기서 그녀의 시를 읽으며 그녀가 어떤 생각을 하며 인생을 견지해 왔는지, 그리고 그녀가 추구하려는 문학적 사상은 무엇인지 살펴보기로 하자.

자전거 도로에 길잃은 지렁이 한 마리 길 찾고 있다
하반신을 시멘트 바닥에 둔 채 촉수를 들었다 놓았다 바닥을 핥으며 방향을 찾는다
꿈틀대며 쉬지도 않고 맷돌처럼 반복하고 있다
부지런하게 움직이지만 같은 자리를 맴돌 뿐 한 발자국도 나아가지 못한다
가끔은 흙과 풀밭으로 나갈 수 있는 방향으로 머리를 두지만 다시 새로운 방향을 찾아 빙빙 돈다

이곳은 그에게 매우 위험한 곳
바람 한 점 없는 시멘트 도로에 33℃의 불볕더위가 내리고
자전거를 탄 많은 사람이 쉴새 없이 오간다
30센티미터쯤 떨어진 곳에 풀밭이 있어
나는 그를 밀어주어야 하나 잠시 생각하다가 걸음을 옮겼다

이제는 돌아갔겠지 궁금해하며 집에 오는 길
기대와는 달리 그는 분변토를 토한 채 죽어 있고
자전거 바퀴가 몸을 내리누른 흔적이 남은 그의 몸은
파리 한 마리가 주인인 양 차지하고 있다

모든 살아있는 삶에는 끝나는 날이 반드시 오는 법
때로는 두려움이 되기도 하고 열심히 살아야 할 이유가 되기도 하지

그의 죽음을 보며 오늘을 잘 살아야겠다는 생각을 한다
하늘은 맑고 태양은 여전히 뜨겁다

- 「생과 사」 전문

황우정 시인은 사물을 예사로 봐넘기지 않는다. 지렁이 한 마리가 자전거 도로에서 죽어가는 모습을 보고 "오늘을 잘 살아야겠다"고 반성한다. 보통 사람들에게 길 위에 나온 지렁이 한 마리는 그저 미물로 통할지 모른다. 그러나 시인의 눈에는 물아일체(物我一體)의 사상이 들어있다. 물(物), 즉 사물은 나[我]다. 나도 인생길 위에서 집을 찾지 못하고 헤맬 수 있고, 나도 길 위에서 죽을 수 있다. 그리고 내가 죽어가는 것을 기다리는 존재가 있을 수 있다. 왜냐하면 나는 죽어 흙이 될 것이므로 곧, 나무는 나를 기다리는 존재다. 이 시에 있어 황우정 시인은 지렁이가 "30센티미터쯤 떨어진 곳에 풀밭이 있어" 그녀는 지렁이를 "밀어주어야 하나 잠시 생각하다가 걸음을 옮"겨 자전거를 타고 가던 길을 간다. 황 시인이 풀밭으로 옮겨주었더라면 지렁이는 살 수 있었을는지 모른다. 그러나 이 세상의 모든 길 잃은 지렁이를 황우정 시인이 구제할 수는 없다. 그래서 황우정 시인은 스스로의 삶이니 스스로 선택하게 내버려 둔 것이다. 그러나 황우정 시인이 쓴 '길을 잃은 지렁이 한 마리'의 관찰을 통해 우리에게 시사해주는 메시지는 매우 크다. 아기들이 일어서려 할 때 엄마들은 손을 잡아주기보다는 '잘한다, 잘한다.'하며 응원의 박수를 보낸다. 가장 잘 도와주는 일은 한 두 번 손을 붙들어주는 것보다 스스로 일어서야 진정으로 일어설 수 있다는 것을 엄마들은 알기 때문이다. 지렁이

이든 개미이든, 한 마리의 풀벌레이든 그들은 그들의 삶이 있고 그들의 삶에 시한이 있다. 그것을 인간이 어찌할 수 없다. 그러니 스스로 죽어감을 통해 자연생태의 원리를 깨닫는 것이 이 앞서 말한 물아일체(物我一體)의 사상이 아닐까 하는 생각이 든다.

남편은 모르는 것이 있을 때 내게 질문하고
나는 종종 '인터넷에서 검색해'라고 말한다

얼마 전부터 인터넷에 내 이름을 검색하고 싶어졌다
어떤 자료가 나올지 궁금하다

검색창에 황우정을 입력한 후 돋보기 버튼을 누르자
황우정 제주 천안 황우정 경산 황우정 황우정 제주본점 황우정 한식 황우정 도축업 황우정 숯불갈비 갈비 황우정 본점 육류·고기 황우정 육류·고기
셀 수 없이 많은 식당이 나온다

또 다양한 직업의 수많은 황우정이 검색된다
노조위원장 예산장비팀장 아티스트 담임목사 학생 선생님 탁구선수 행시합격자 종이접기 강사도 있고
카페에 먼저 시를 게시한 시인일지도 모를 '황우정'도 있다

내가 쓴 글도 몇 번 검색되는데 마냥 기분이 좋은 것만은 아니다
2021년 2월 말 현재 우리나라 인구 51,824,142명 중
많은 황우정이 존재하는 건 당연한 일

짧은 검색에도 다양한 장소 블로그 웹문서 카페글 뉴스 쇼핑에서
내 이름이 발견되는데
가장 신기한 건 꽃 이름이 '황우정'이라는 노란색 꽃 황화다

고깃집이든 사람 이름이든 많이 검색되면 신나야 하는데
왠지 판도라의 상자를 연 기분이다

-「판도라 상자를 열다」 전문

'황우정'이란 말을 생각하면 나는 어떤 풍광 좋은 곳에 세워진 정자(亭子)가 생각난다. 수백 년 된 소나무 몇 그루 사이로 매미 소리, 풀벌레 소리 들리고 발 아래는 깎아지른 듯한 절벽이 있어 그 아래 만경창파(萬頃蒼波)의 푸른 물이 흐르는 정자(亭子)의 이미지가 떠오른다. 그런데 황우정 시인은 우연히 인터넷에 '황우정'이란 말을 써넣어 검색한다. 그랬더니 수없이 많은 황우정이 검색돼 나온다. 특별히 고깃집 이름이 많이 나오고, 그다음에는 사람 이름과 꽃까지 검색돼 나온다. 이 세상에 나와 같은 이름이 많다는 것은 매우 좋은 일이다. 내 이름이 그만큼 보편적이란 뜻도 있기 때문이다. 어떤 사람은 나만의 이름을 가지고 싶어서 이름자로 쓰지 않는 한자를 쓰거나, 외국 사람과 같은 이름을 쓰기도 하지만, 시대는 변하고 유행은 계속해서 진화하기 때문에 나는 부모가 지어주신 이름을 사랑하

라 주문한다. 우리가 어렸을 때 여자아이들의 이름은 대부분 숙(淑), 순(順), 자(子)를 넣은 이름이었다. 그래서 영숙이, 미숙이, 정숙이와 영순이, 미순이 정순이, 그리고 영자, 미자, 정자가 수없이 출석부에서 불려졌다. 그런데 숙(淑)은 정숙한 여인네라는 뜻이 있고, 순(順)은 순한 사람이란 뜻이 있으며, 자(子)는 공자, 순자, 노자와 같이 큰 사람에게 붙였던 글자이니 어찌 보면 매우 좋은 이름이다. 그런데 오래 쓰이다 보니 촌스럽다는 이유로 개명을 하는데, 이후 개명된 이름들 다혜, 은혜, 미혜나, 미경이 은경이 연경이 역시 시간이 흐르면 촌스럽게 느껴지게 되니 내 이름을 아끼고 사랑하면 그것이 가장 나 다운 이름이 아닐까 하는 생각이 든다. 황우정 시인이 태어날 당시 우정이란 이름을 지으신 황우정 시인의 부모님을 생각해보면 상상히 미적 감각이 있으신 분들이지 않았나 생각해본다. 아무튼 황우정이란 고깃집이 많은 것도 매우 좋은 현상이라 생각한다. 배고픈 사람들을 그것도 소고기로 먹여주는 이름이니 황우정 시인이 전생에 보시를 해도 단단히 하셨다는 생각을 하며 웃음짓는다. 황우정은 뭐니뭐니 해도 귀우귀가(騎牛歸家), 즉 소를 타고 집으로 돌아가는 목동이 그려진 그림 속에 있는 정자(亭子) 같은 푸근한 이름이라 좋다.

1.
한 마리 물고기를 만났다

물을 바르자
뛰어오르는 물고기
사방으로 물방울이 튄다

다시 보니
퀭한 눈을 가진 물고기
가족을 잃은 슬픈 눈이다
안아줘야 할 것 같다

2.
이건 우크렐라
언젠가 꼭 배우고 싶은 악기
기타보다는 조금 쉽다 했는데
11월의 어느 멋진 날을 연주해야지

빈대떡을 올려
아니면 올리브와 치즈를 올릴까
무엇을 올리든 푸짐한 한 상 차림이다
손때 가득 오래 오래 함께할 나의 친구여

-「나무 도마」 전문

이 시는 황우정 시인의 둘도 없는 시인 친구, 정춘식 시인이 선물한 나무 도마를 보며 쓴 시다. 당시 나도 정춘식 시인에게서 나무 도마를 선물로 받았다. 지금도 그 나무 도마는 나의 온갖 칼질을 받아내며 향그러운 요리를 준비한다. 도마는 희생의 또 다른 표상이라 할 수 있다. 제 몸에 수많은 식재료가 썰리고, 밀가루 반죽이 밀리고, 빵 반죽이 치대지면서 나무는 제2의 생을 살아간다. 그것도 많은 사람들의 입을 즐겁게 하고, 아이들을 키우고, 허약한 사람의 원기를 보강해주면서 나무는 그 사람들이 세상을 널리 이롭게 하기를 바랄 것이다. 그렇게 본다면 집으로 지어진 나무와 지팡이가 된 나무와 도마가 된 나무, 피리가 된 나무와 피아노가 된 나무, 그리고 화목이 되어 우리들의 등허리를 따스하게 데워준 나무까지도, 모든 나무는 정말 '아낌없이 주는 나무'라는 말이 꼭 맞는 말인 것 같다. 황우정 시인은 이 도마에서 한 마리의 물고기가 물살을 거슬러 오르는 것을 보고 있다. 나무의 무늬가 마치 물결의 무늬처럼 느껴졌기 때문일 것 같다. 물론 물고기는 보이지 않았거나 옹이 모양을 하고 있었을 것 같다. 그렇지만 보이지 않든 옹이이든 간에 황우정 시인에게 나무는 물결 푸른 강이다. 저 도마가 저 정도의 두께로 자라기까지는 정말 많은 세월이 흘렀을 것이다. 수많은 눈보라와 진눈깨비를 받아내고 비바람과 천둥 벼락을 피해가며 푸른 꿈을 꾸었을 것이다. 그리하여 마침내 정춘식 시인의 부군이신 목공의 손에서 도마로 태어나면서 다시 제2의 생을 살게 된 것이니, 나무의 무늬는 세월의 강이라 해도 틀린 말이 아니다. 그런 강을 하나씩 선물로 주신 정춘식 시인의 부군께도 이 자리를 빌어 감사의 인사를 드린다. 나무들이 살아온 수백 년이라는 세월의 강에는 보이지 않은 물고기들이 수없이 지느러

미를 움직여 유영하면서 공기 방울을 만들어 스스로 숨쉬며 살아갈 터전을 만들었을 것이니, 한 그루의 나무는 결코 얕잡아보거나 무시할 수 없는 존재로서, 우리나라 중앙에 대대손손 흐르고 있는 한강처럼 우리나라 뼈대를 갖추고 있는 태백산맥 위에 푸르게 푸르게 흐르는 나무들의 강이다 할 수 있다. 그러니 그 강에 물고기가 푸드덕거리는 것을 느낄 수 있는 황우정 시인이야말로 진정한 시인이 아닐까 하는 생각이 든다.

> 한 번뿐인 인생을 즐기면서 살자는 사람들이 많아지면서
> 고양이나 개를 반려자로 선택하는 사람이 늘었다
>
> 어린 시절 친구들과 공기놀이나 줄넘기를 할 때마다
> 어김없이 들리던 엄마의 목소리
> 얼른 와서 동생 좀 봐라
> 여섯 명의 동생에 지쳐 동물을 키워본 적이 없는 내가
> 지난 유월 거위 스무 마리를 들였다
> 그네들과 나는 텔레파시로 통한다
> 우리 집에 온 걸 환영해
>
> 기온이 영하로 내려간 며칠 전부터 우리는 같은 방에서 산다
> 어둠이 깊이 내려앉고 잠자리에 들 시간
> 나는 그네들을 품에 안는다
> 살랑살랑 바람이 불어오는 작은 호숫가
> 벤치에 앉아 일광욕하는 사람들
> 나를 감싸는 따듯한 온기에 스르르 눈을 감고

잠의 요정에게 안긴다

05시 50분 자명종이 울리면 나의 아침이 깨어나고
웅성웅성 대화소리가 들린다

매일매일 나는 연습을 하면 가능할지도 몰라
준비하는 자에게 기회가 온다고 했어

얘들아, 봄이 오면 내가 날게 해줄게
지금은 너희들이 없으면 추워서 살 수가 없단다

헤엄은 치지만 날지 못하는 그네들
날고 싶은 거위의 꿈은 나와 같은 이야기다

-「거위 날다」

이 시는 「밤나무」, 「그리운 젊은이」와 함께 황우정 시인이 ≪스토리문학≫ 2021년 상반기호로 등단한 작품이다. 나는 그동안 수많은 시를 심사해왔지만, 그동안 스토리문학에 등단한 수백 명의 시인들과 그 많은 등단작 중에서도 이 작품은 매우 빼어난 작품이었다고 말할 수 있다. 이 시는 거위털이불을 사들이며 상상심상법을 이용해 쓴 작품이다. 거위털 이불 하나를 만들려면 스무 마리의 거위가 필요하다는 착상에서 쓰여진 작품인데 황 시인은 "기온이 영하로 내려간 며칠 전부터" 스무 마리의 거위들과 같은 방에서 같은 방에서 살게 된다. 그렇게 상상하다 보면 모든 일들이 가능해진다. 거위털이불을 품에 안으며 거위를 안은 것으로 상상하게 되고 그러자 "살랑살랑 바람이 불어오는 작은 호숫가 / 벤치에 앉아 일광욕하는 사람들"을 만나게 되는 것이다. 그런데 동물권을 생각해보면 이만저만 학대가 아니다. 프랑스 사람들은 '푸와그라'라는 거위 간 요리를 위한 큰 간을 얻기 위해 새끼 거위를 작은 철망 속에 가둬놓고 발에 못을 박아 움직이지 못하게 하며, 게다가 간만 커지는 사료를 먹인다고 한다. 악어백을 만들기 위해 악어를 사육하는 사람도 있고, 밍크코트를 입기 위해 작은 밍크를 식용이 아닌 가죽과 털을 얻기 위해 기른다고 하니 참으로 씁쓸하다. 게다가 부드러운 구두를 만들기 위하여 송아지를 죽여서 그 가죽으로 만든다고 하니 정말 가죽 신발은 안 신고 가죽 옷은 안 입어야 할 일이다. 공광규 시인은 몇 년 전 『담장을 허물다』라는 시집을 냈다. 그 시집의 제호가 된 시 「담장을 허물다」를 읽어보면 "고향집에 돌아와 담장을 허물었다"로 시작되는데, "기울어진 담장을 허물고 삐걱거리는 대문을 떼어"내자 "우선 텃밭 육백 평이 정원으로 들어오고 / 텃밭 아래 사는 백 살 된 느티나무가 아래 둥치째 들어왔다 / 느티나무가 그늘 수십 평과 까치집 세 채를 가지고 들어왔다 / 나뭇가지에 매달린 벌레와 새 소리가 들어오고 / 잎사귀들이 사귀는 소리가 어머니 무릎 위에서 듣던 마른 귀지 소리를 내며 들어왔"다고 한다. 그밖에도 담장을 떼어내 많은 효과가 나타난다. 노루 멧돼지 토끼에서부터 날아가는 기러기까지 모두 공광규 시인의 정원 안에서 살게 되며 멀리 산기슭까지도 그의 정원이 되고 결국 공 시인은 "공시가격 구백만 원짜리 기울어가는 시골 흙집 담장을 허물고 나서 / 나는 큰 고을 영주가 되었다"고 말한다. 그처럼 황우정 시인 역시 거위털이불 하나를 사고도 작은 호수와 일광욕하는 사람들까지도 이웃으로 들이게 된 것이다.

42 0 오직 하나뿐 : 나 너 당신 그 그녀 솔로 싱글 태양 달 내동생큰별 트로트가수정동원

혼자서는 못 사는 42 : 장갑 양말 구두 젓가락 징과채 책과책갈피 텔레비전과리모컨

짝꿍 42 : 오징어땅콩 담배와라이터 피자와치즈 칫솔과치약 지휘자와연주자 만두와찐빵

33함을 부르는 42 : 삼삼한 국물 나물 그리운그애 그 소녀 그녀 그이 소주 붕어빵 그순간

49 49 또 사고 싶은 42 : 가방 액세서리 기념품 지나는길에만나는온갖예쁜것들

52 52를 부르는 매일 보고 싶은 42 : 가족 친구 어서오이 빨리오이 달려오이 서둘러오이

59 59 예쁜 42 : 손자손녀 애인 보석 꽃 드라마 친구 시집 분위기있는카페 내사진

77 맞아도 보고 싶은 42 : 고무줄끊던코흘리개그녀석 책상금긋고싸우던초등생시절내짝

88해서 좋은 42 : 발레 노래 요가 에어로빅 시니어가 앞에붙는모든교실

92 92를 부르는 맛있는 42 : 고기 해산물 과일 채소 버섯 김치 파채 콩나물
99하게 변명하는 42 : 정치인정치인정치인 연예인연예인 직장상사 잘못한사람들

이 시를 쓰다가 문득 '호보연자'를 아느냐고 묻던 한 동기가 생각났지
의미심장한 사자성어나 고승들의 법어를 생각하며 고민하다 이마 주름이 늘었지만
그저 창밖의 '자연보호'를 거꾸로 읽었다는 걸 알고 허허 웃었지
이 시는 오픈 시니 편하게 읽어주게나
맘대로 고쳐도 되고 아이디어를 덧대도 되네
그럼 다음에 또 보세

-「42를 분석하다」 전문

이 시는 묘사심상법이면서 관찰심상법을 이용한 시다. 이 시에 있어 42는 숫자 42(사십이)가 아니라 '사이'로 읽어야 한다. 이런 시는 아무도 써낼 수 없는, 오로지 황우정 시인만이 관찰하고 묘사해낸 시다. 젊은 독자들은 이런 시에 관심을 보인다. 고리타분하게 "효도해라, 건강해라, 봉사정신을 가지고 살라"는 말보다 이런 재미있는 시를 써야 시집이 팔린다. 시는 자다가 봉창을 뚜드리듯 뭔 소리인지 모르는 말이 아니다. 시집이 아름다운 미사여구로 끝나서도 안 팔린다. 발견하고 채굴해야 한다. 그리고 채취하고 세공해

서 새로운 시제품을 내놓아야 한다. 그것이 시를 쓰는 사람의 자세인데 황우정 시인의 자세가 이에 부합한다. 그동안 인류는 끊임없이 새로운 시제품을 내놓았다. 처음 자전거를 만들었을 때 사람들은 너무나 신기해했고, 비행기를 만들려고 높은 곳에 올라가 무서움을 무릅쓰고 뛰어내리기를 반복해 결국 오늘의 비행기가 탄생했다. 시 역시 마찬가지다. 단순하게 음풍농월, 바람이나 읊고 달이나 희롱해서는 안 된다. 시인들이 아직도 자연만을 주야장천 들먹이고 있는 시인들이 아직도 많이 있다. 물론 자연은 인간에게 끊임없이 가르침을 주는 위대한 스승이지만, 소재가 진부하면 좋은 시를 꺼내낼 수 없다. 황우정 시인처럼 42란 숫자를 분석하고 유추하며 상상하여 무릎을 칠 수 있는 시를 내놓아야 한다. 이런 시(詩)제품은 삼성이나 애플이 천문학적 돈을 들여 연구 끝에 내놓은 5G스마트폰 제품과 맞먹는다. 세상에 "42 0 오직 하나뿐, 혼자서는 못 사는 42, 짝꿍 42, 33함을 부르는 42, 49 49 또 사고 싶은 42, 52 52를 부르는 매일 보고 싶은 42, 59 59 예쁜 42, 77 맞아도 보고 싶은 42, 88해서 좋은 42, 92 92를 부르는 맛있는 42, 99하게 변명하는 42"와 같은 사이가 있는 줄은 이 시를 읽으며 처음 알았다. 시인의 주장은 수학적 주장이 아니다. 시인의 주장은 맞아떨어지지 않을수록 좋은 주장이다. '돌은 단단하다'라는 말은 명제이지만 시적(詩的)이지 않다. '말랑말랑한 돌'이라 해야

비로소 궁금증이 유발되는 시로써의 효과를 생산하는데, 황우정 시인의 작업은 시의 가치를 생산하기 위하여 다양한 시도를 하고 있다. 다음 두 시를 읽어보자.

내 맘대로 살고 싶어
팔팔한 청춘으로
한국에서
서울도 좋지
코코해봐
섀넬처럼
내는 한국을 사랑합니다 나도 사랑해
아메리카 핫한 걸로 하나
경천곶감농장 빨리 가고 싶다
긴장해라 긴장하라
오프닝 세레머니다

* 세계패션에 새겨진 한글문구: 조선일보 "한글에 손짓하는 세계패션" 참고

-「내 맘대로」 전문

1.
나는 이 좋다
나무에 주렁주렁 달린
까치밥을 남겨주는 할아버지의
항아리 속에 넣으면 말랑말랑해지는
홍시를 만드는 엄마의 손길이 따듯하다

2.
나는 달콤한 이 좋다
오 을 만족시키는 맛의 향연
보고 먹고 듣고 느끼고 만져보는 맛
쩝쩝 후루룩 소리도 정겹다

– 「어떤 」 부분

황우정 시인은 새로운 시제품을 생산하기 위해 끊임없이 도전하고 연구하며 시도한다. 위의 시 「내 맘대로」는 정말 내 맘대로 썼다. 일찍이 글자를 이렇게 네모 안에 써넣은 시인은 보지 못했다. 아무리 조선일보에서 우리말로 써넣은 세계패션을 조사해 보도했다고 하지만, 그것은 조선일보의 보도일뿐, 황 시인이 작품으로 재생산한 것이다. 집 하나를 갖추는 데는 수없이 많은 재료들이 필요하다. 시멘트와 자갈, 철근, 철골재, 나무, 바닥재, 창문틀, 유리, 커튼, 식탁, 침대 등 이루 열거할 수 없이 많은 재료들이 필요한데, 시집 역시 그러하다. 아버지란 재료 친구란 재료뿐만 아니라 거위털 이불과 42라는 숫자와 달콤하고 말랑한 까지도 시집의 재료로 쓰인다. 그런 시집은 그리움 타령이나 구름바람조(調)의 시집에 비해 십중팔구 독자들에게 각광받는 시집이 될 수 있다. 나는 요즘 그림을 그리는 재미에 빠져 있다. 그림은 글에 비해 매우 집약적인 작업이다. 화가는 매번 작품을 할 때마다 그 한 작품 안에 모든 역량을 보여주어야 한다. 그러기 위해서는 밑그림이 필요하고 잘 섞인 색의 조화가 필요하다. 그리고 다양한 소재를 통해 그림이 변신할 때 우리는 그 화가의 그림 가격이 높이 책정되는 것을 볼 수 있다. 시도 그렇다. 황우정 시인의 시처럼 다양한 소재를 통해 작품이 매번 새로운 얼굴을 들고 독자들에게 다가올 때 독자들은 마치 이방인을 만난 듯 외제 물건을 만난 듯 생경해 좋아하게 되는데, 러시아 형식주의자들은 일찍이 이러한 방법을 '낯설게 하기'라 칭하며 시가 처음 만나는 사람처럼, 처음 가보는 세상처럼, 처음 먹어보는 맛처럼, 처음 가져보는 물건처럼 생경해야 한다고 역설해왔다. 그렇다면 황 시인이 하고 있는 일련의 작업들은 이에 충분히 부합하고 있지 않은가?

가로등 하나가 어둠이 내리는 주변을 하얀빛으로 비춘다
메마른 목련 나무가 인적 없는 밤의 쓸쓸함을 더할 때
보름달이 슬그머니 아버지의 모습으로 다가온다

아, 나의 아버지
부농의 아들로 태어나 부족함이 없었을 당신의 삶
당신을 아프고 힘들게 한 여덟의 자식들
엄마가 무자식 상팔자라 소리 질러도
'아버지 불쌍하니 용돈 많이 드려라' 친구가 말할 때도
그저 말없이 듣고 계셨지요

푸른 소나무처럼 늘 독립적이고 당당하셨지만

속내를 보이지 않으신 아버지
자식들 숲에서 홀로 외로우셨지요
집에 갈 때면 언니는 잘 있느냐 물으시고
넷째 전화 잘 받아주라 당부하시고
혼자 살아야 할 다섯째 걱정하셨지요
형제자매와 돈거래 하지 말라며 사이 벌어질까 근심하시며
아버지는 언제나 자식은 모르는 자식 걱정을 하셨지요

–「아버지를 그리다」 부분

산책 갔다 집에 오는 길
열매가 너무 무거워 왼쪽으로 기울어진 앵두나무를 보았다
아이를 업고 안고 머리에 짐 보따리 얹은 엄마의 모습이다

무남독녀로 자라나 종갓집 맏며느리가 된 엄마는
생기는 대로 첫째부터 넷째까지 줄줄이 딸을 낳았다
이후 세 명의 아들과 막내딸을 얻고서야 엄마의 출산은 끝났다
너나 나나 가난했던 시절 공동우물에서 물 긷고 설거지하고
먼 빨래터에 함지박이고 가는 게 싫었던 어린 시절이 생각난다

엄마 말 안 들어 무자식 상팔자라며 혼나고
대들다가 빗자루로 맞기도 했다
아프다 꾀부리다 집 밖으로 쫓겨나기도 했지만

사위인 이몽룡의 거지꼴 박대하고 암행어사를 환대한 춘향모
월매의 솔직함을 닮은 엄마를 원망하지는 않았다

교육을 위해 세 번 이사한 맹모라지만 우리는 열 번이나 이사를 했다
올망졸망 여덟 자녀와의 잦은 이사에 얼마나 울고 싶었을까

– 「엄마의 실종된 꿈」 부분

나는 일찍이 『효과적인 시창작법』이란 책에서 "시 쓰기는 감사와 사랑, 그리고 희망"이라는 말을 했다. 문학은 왜 하는 것일까? 시는 왜 쓰는 것일까? 우리는 흔히 문학을 일컬어 현실에 대한 모방이라고 말한다. 현실은 언제나 내 주변에 있다. 나를 둘러싸고 있는 상황, 그것이 현실이다. 황우정 시인이 문득 가로등을 바라보다가 아버지 생각을 떠올리며 쓴 시 「아버지를 그리다」는 우리가 문학을 하는 이유. 문학을 해야만 하는 당위성이 들어있다. 산책하러 나갔다 집으로 되돌아오는 길에 만난 앵두나무에 주렁주렁 매달린 앵두알을 보고 황 시인은 엄마의 고달팠던 세월을 읽어낸다. 문학을 하는 것은 "자신을 돌아보는 일이다. 자신을 올바르게 세우는 일이다. 문학을 제대로 하면 불효자가 없어진다. 나는 아버지께 감사한다." 그리고 "문학을 제대로 하면 이웃에 누가 되는 일을 하지 않는다.

문학을 해서 남의 돈을 갈취하려는 사람들이 있다. 그들은 문인이 아니다. 그럼 뭘까요? 사이비이다. 가짜다. 우리나라 사람들은 정이 많다. 부침개를 붙여도 젤 먼저 부쳐서 이웃집에 가져다준다. 가래떡을 해도 맨 위에서 덜어서 이웃집에 가져다준다. 옥수수를 삶아도 자기는 이 빠진 거, 덜 여문 거 먹고 남에겐 토실토실하고 적당히 여물어 쫀득쫀득한 것을 준다. 무엇일까? 가장 좋은 것을 나누는 것! 그것이 문학이다. 가장 선한 마음을 가지게끔 마음을 나누는 게 문학이고 시다."라고 역설한 바 있다. 황우정 시인이 쓰고 있는 일련의 시들은 이런 문학적 기능에 부합하고 있는 것이다.

이상에서처럼 황우정 시인의 시 몇 수를 읽으며 그의 시세계를 여행해보았다. 그의 시에 특징은 크게 두 가지로 요약할 수 있다. 첫 번째 특징은 황우정의 시에는 감사함이 있다. 그는 부모님에 대하여, 가족에 대하여, 이웃에 대하여, 자연에 대하여, 양주시에 대하여 감사함을 잊지 않는다. 그는 자신을 낳아주고 키워준 가족과 이웃, 고향과 산하, 환경에 대하여 감사한 마음을 은연중에 작품화함으로써 문학의 궁극적 타당성을 확보한다. 두 번째 특징은 도전정신이 있다. 그는 늘 새로움을 시도한다. 외적으로는 자정하며 자숙하고 정좌한 듯하지만, 내적으로는 나는 무엇일까, 어떤 사람일까를 끊임없이 고민하면서 '고인물은 썩는다.' '새 술은 새 부대에 담아야 한다.'라는 도전정신을 바탕으로 옛

것을 숭상하고 새로움을 추구하는 법고창신의 정신을 지향한다. 그리하여 황우정 시인은 앞서 말한 바와 같이 "인본주의(人本主義)를 바탕으로 현대인을 널리 이롭게 하는 시"를 쓰고 있는 것이다. 『동몽선습』이나 『소학』, 『계몽편』이 어린이와 부녀자들의 교과서였다면 황우정 시인의 시집 『거위 날다』는 어른들의 양심에 관한 교과서라 할 수 있으며 특히 그가 쓰고 있는 일련의 시창작 방법들은 시의 교과서라 해도 틀린 말이 아니다. 그는 사물에게 끊임없이 말을 걸고, 관찰하며 생명을 부여한다. 그리하여 시집 제목이 된 「거위 날다」에서 나타나듯이 거위털이불은 이불의 기능으로 바라보는 것이 아니라 함께 살고 있는 동로로써 존재하는 것이다. 열심히 창작 공부를 해 이처럼 완성도 높은 첫 시집을 출판하시는 황우정 시인에게 박수를 보내며 진심으로 축하드린다.

황우정 시집

거위 날다

초판발행일 2022년 08월 31일

지은이 : 황우정
발행인 : 김순진
편집장 : 전하라
디자인 : 김초롱
펴낸곳 : 도서출판 문학공원
등　록 : 2004년 3월 9일 제6-706호
주　소 : 우편번호 03382 서울 은평구 통일로 633
　　　　녹번오피스텔 501호 스토리문학사
전　화 : 02-2234-1666
팩　스 : 02-2236-1666
홈페이지 : http://cafe.daum.net/yob51
이메일 : 4615562@hanmail.net

※ 책값은 뒤표지에 있습니다.